太平洋畔伊甸園
Garden of Eden Bordered the Pacific

Santa Barbara 聖塔巴巴拉

王受之 著

藝術家

這是一個美得上帝也要歎息的地方……

它面朝太平洋，被濃蔭華蓋遮蔽，恬靜、怡然，沒有一絲塵世的喧囂。

它不在地中海，卻是世界上最純最美的地中海風情小鎮。

陽光、鮮花、太平洋、陶磚、紅瓦和白牆，它是夢想的天堂。

人們在這裡可以把整個世界遺忘，只和真情親密私語。

寫在前面

寫小鎮是我最近開始動的念頭。原因是看見太多的城市在爭做「國際大都會」，看見那些交通擁塞、治安惡化、污染嚴重、住房價格飛漲的所謂大都會之後，我真是留戀那些小城鎮。中國不是有好多好多可愛的小城鎮嗎？為什麼都個個要爭當國際都會呢？在外國，最舒適的地方，不是大都會，而是小城鎮。

這兩年，我從法國南部的蔚藍海岸到義大利北部大湖區，從瑞士山間到加州沿海，從澳洲的黃金海岸到東南亞，找尋的就是小鎮的價值，小鎮的可愛，想一個一個的把它們記錄下來，起碼讓大家有個認識，就是現在西方人談得很熱的「小鎮價值觀」（ small town value）。希望能夠讓我們有點認識：大並不好，小而方便是最好；而小又加上完整的保護古典的文化沉澱，就成了頂級的住宅區。我們加州有類似這樣的小城鎮，實在是可愛之極。

我在這裡就選擇聖塔巴巴拉（Santa Barbara），從建築、從城市保護的水平來談這個城，希望它能夠給我們一個發展的啓示，希望它能夠啓動我們對於小鎮的熱愛，那麼我們的城市就有了自己發展的空間，而不會一味追求對國際大都會的盲從了。

道理就這麼簡單，因此，書也就寫得很隨意，我喜歡這樣的寫法，因為沒有多少壓力和負擔。希望讀者喜歡。建築、文化、文物都談了，其實核心是提倡小城價值觀。希望有所作用吧。

2006年8月於洛杉磯

目錄 CONTENTS

Italian Style Villas in Montecito

Modern Spanish Revival

The Cultural Atmosphere in Santa Barbara

01 Santa Barbara Imprinted on My Heart 心繫聖塔巴巴拉

世外桃源

從小，就很迷戀〈桃花源記〉的故事。想想看：一個古代的部落，因為躲避戰禍而藏在溪流上游、山洞以內的隱蔽地方達幾百年，完全與外界斷絕往來，以至村裡古風依舊，生活祥和豐裕，對外面的滄海桑田渾然不知，有多奇妙啊！西方人也是嚮往桃花源的，因此才有了 1930 年代暢銷的故事《香格里拉》，那本小說原名叫《失去的地平線》，講的也是這樣一個為歷史遺忘了、而那裡的人自己又遺忘了歷史的天堂之地。現在去雲南，看見麗江、中甸都在爭「香格里拉」這個稱號。其實，它們都不是真正的香格里拉，這些地方可能僅僅充當過那個美國作家的參考背景。再說，就麗江、中甸這些地方現在拼命開拓旅遊業的勁頭，公路和航線四通八達、到處是餐館禮品商店，滿城的遊客嬉鬧喧囂，走卒攤販的叫賣吆喝來看，早就不是世外桃源的感覺了。

在外國，因為沒有如同中國現在這種在極短時間內高速發展的過程，因此還有些地方相對保存了很質樸的傳統。傳統的建築，傳統的城市，傳統的裝飾很完整，這在國內反而是日漸稀少了。美國一些稍有歷史價值的小城鎮，對傳統的保護都有一套比較好的方法，他們通過立法程序，形成了一套有力的傳統建築和城市保護法規，他們的市民也有比較高的文化水準，從而

從美薩山上眺望聖塔巴巴拉市（左頁圖）

小巷深處（下左圖）

聖塔巴巴拉街景（下右圖）

太平洋岸邊的地中海風格建築（上左圖）

體現風格的細節（上右圖）

路邊的旅館（右圖）

靜謐小院（左頁上圖）

近年來新建的銀行建築（左頁下圖）

行使著比較成熟的市民對環境、對傳統建築的監督，因此，世外桃源似的城鎮還能時有所聞。

當然這些西方的所謂世外桃源之城，並非懵懵懂懂不知天下大事的被遺忘的角落，不是小說中的香格里拉。這些世外桃源往往是古風依舊的小城鎮，坐落在極為獨特的自然環境裡，有自身悠長的歷史發展經歷，這裡的政府和居民經過多年的努力，用立法和行政手段，保護了這些極為可貴的老城鎮，使昔日的風味得以綿延下來。走進這些世外桃源中，就像走進歷史隧道一樣。這些香格里拉不僅僅是一座小城市，一個老鎮，而且是歷史的、建築的、景觀的博物館了。千萬注意：他們不是主題公園，也不是發達的遊覽區，僅僅是小城鎮而已，人們在那些城鎮裡過著很安閒的生活，並不期望這

家在紅花綠樹間（上圖）

午後的悠閒（左圖）

微風吹散了聖塔巴巴拉的晨霧（下圖）

種緩慢的、歷史式的生活方式發生太大的改變。

挑近處說，就在加州，沿海北行，還真可以找到幾個這樣全面保存的香格里拉式的、原汁原味的老城鎮呢！沿著依山傍海、氣勢萬千的一號公路向北走兩個小時，看見公路邊上立有「聖塔巴巴拉市」的標誌，就到了一個近在身旁的香格里拉了。

地中海的魅力

開車走海邊，總是令人很歡愉的。從洛杉磯出發，順著加州濱臨太平洋的海岸公路北行，一邊是峻峭的山巒，一邊是遼闊的海洋，驚濤拍岸，氣勢萬千，是難得一見的美景。有次一位從事文學的芬蘭裔美國朋友，請我到她家作客，她的小木屋位於馬里布山崖上，面對著太平洋。時值日落時分，波瀾不驚的太平洋，被夕陽映成古銅色的波浪輕輕拍打著海岸，她情不自禁吟哦起英國詩人拜倫的一段詩歌，我記得好像是〈唐璜〉中的一節：

他們遠離了世界，但不像斗室中，
　　一個人所感到的那種孤獨滋味，
海是靜默的，海灣上閃出星星，
　　紅色的晚霞暗了，天越來越黑，
四周無聲的沙石，滴水的岩洞，
　　使他們不由得更緊緊地依偎；
好像普天之下再也沒有生命，
　　只有他們兩人，而他們將永生。

住在水邊，很容易讓人產生一種與住在內陸完全不同的感受，因為水的流動、起伏，水面隨著日夜變化的色彩，都能夠使人產生許多聯想。濱海生

地中海邊的房子，造型簡練，色彩明快。

活給人帶來的，除了自然的美好、空氣的潔淨、氣氛的安恬與塵世的隔絕之外，還有一些真切的因人而異的感受。正因為如此，所以西方人都爭先恐後地在濱海地區、在濱湖地區建造自己的家園。濱水居住成為他們理想的生活形態。走在地中海沿岸，星羅棋布的紅瓦白牆的建築真讓人刻骨銘心。從西雅圖開車到洛杉磯和聖地牙哥，那些一律面對大海的地中海——加州風格的建築一定會給你留下深刻的印象。在美國中西部順著五大湖開車，也可以看到那些美輪美奐的住宅，一律面湖，即便是河邊，靠水的住宅也總是比不靠水的貴。濱水居住成了世界各國人們所追求的一種生活形態，原因是因為濱海線是有限的，而人們對於這種生活形態的需求則是無限的。

對於每一個懷抱美好旅遊夢想、嚮往別樣風景、別樣風情的人來說，歐洲，地中海、波羅的海都是美妙的烏托邦般的夢境，且不說奧運會期間從電視上每晚可見的從雅典傳回的地中海風情韻致，即使是從書上隨手撕下的一頁地中海圖片，都一樣能引人神往。地中海的平易優美是如此容易地貼近人的心靈空間，不要說能住在地中海，單是提起「地中海風格」就有一種莫大的吸引力。

地中海邊滿山遍野的紅瓦白牆小住宅，歎為觀止。（左頁圖）

多少浪漫的故事，就發生在這種鐵花欄杆的小陽台下？（上圖）

非常典型的西班牙建築中庭（下圖）

天也藍，水也藍，連門都是藍的。(上左圖)

藍天下又一扇藍窗（上右圖）

剪裁一片藍天掛在窗前（左圖）

瀕臨地中海的一些國家和地區，如希臘、義大利南部、法國南部、西班牙濱海地區和葡萄牙，還有地中海中的島國馬爾他等等，當地建築從自然條件出發，形成一種很獨特的風格，就叫地中海風格。這種風格在 17 世紀通過西班牙人、葡萄牙人在拉丁美洲的殖民化而傳入中美洲和南美洲，又傳入美國南部濱海地區，在加州和佛羅里達州發展得相當成熟。紅瓦白牆，成為最顯見的特點，襯托著藍色的大海，實在是非常輕鬆和寫意的。地中海風格進入美國之後，根據那裡的情況進行了調整，因此又被冠以各種名稱，比如西班牙殖民復興風格，主要是指那些用乾打壘泥磚構築的建築風格，還有相當現代的加州風格，就是美國人用現代化手段演繹過了的西班牙風格了。

從表面上來看，「地中海風格」比較顯著的基本要素是手工刷白灰泥牆、紅色筒瓦頂、色彩鮮豔的門窗、連續拱廊與拱門以及陶磚等建材的細部。

地中海風格內容豐富，這種細柱撐起的馬蹄形造型，在很多建築部件上都有應用。

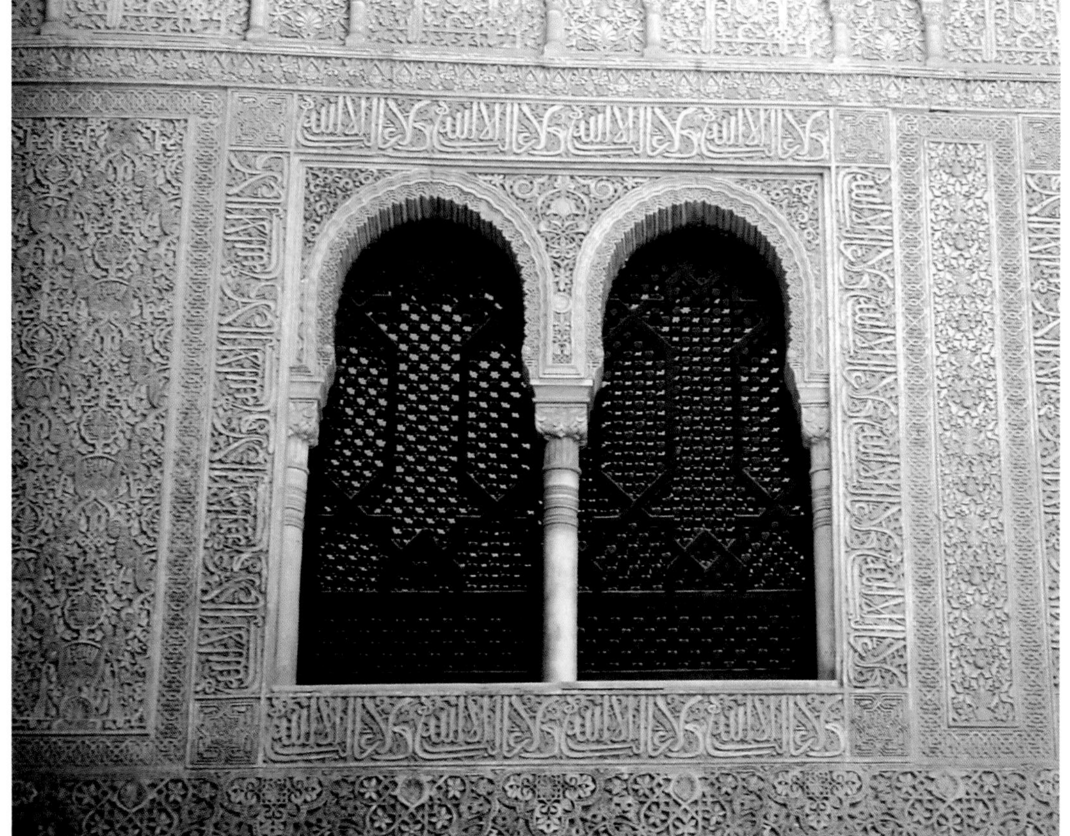

半是室內，半是室外的拱形門廊。（上左圖）

厚厚的白牆掛陳著彩陶碗盤，極富鄉土味，還特別脫俗。（上右圖）

粗獷起來洋洋灑灑，精細起來巧奪天工。地中海豪華建築的柱頭紋樣。（左圖）

如此恢弘壯觀的穹頂，將人的目光和靈魂一起吸引上去了。（右頁上圖）

裸露的紅磚上加塊彩畫瓷磚，粗獷之中見輕巧。（右頁下圖）

但是，形塑一個「地中海風格」的空間風貌，難道只要拼湊一些眼熟的元素就可以了嗎？當然不是，一種風格的價值是根源於「內涵」的深度，否則僅是一些表象的堆砌。地中海沿岸的幾塊具有強烈風土人情的區域，如南義大利、西班牙、北非，以及大肆賣弄異國風情的南法普羅旺斯等，都可以算是「地中海風格」的成員之一。這些地點不見得擁有完全相仿的風貌，比方說以農莊著稱的南法蔚藍海岸，印象上未必可與盛產陶、銅與原木的沙漠北非相比擬，但「地中海風格」所共有的意象又在何處？

終年少雨，豔陽高照，陰影庇蔭的需求，塑造了半戶外的回廊；灰岩的盛產，造就了灰白手刷牆面綿延的風貌；藍天碧海的色澤，感染了白牆之外的瓦窗門欄一片藍色景致；手工藝術的盛行，提供了鑄鐵、陶磚、馬賽克、編織等裝飾的溫床。這一切的一切，都是「地中海」的元素。

自然光線的採集與陰影的表演、融入於裝飾細節之中的自然素材、白藍

精美的鑄鐵門飾，更顯其大家風範。（左圖）

鑄鐵工藝部件的廣泛應用，也是地中海風格的一大特點。（右頁左上圖）

鑄鐵工藝應用一例（右頁右上圖）

本來很普通的一個小窗，一經加上鑄鐵護欄就變得風情萬種了。（右頁左下圖）

鑄鐵部件也可以做得很精緻，這是大鐵門上的頂花。（右頁右下圖）

小蜥蜴的尾巴彎彎的，正好當作門把。手工藝人的巧思不禁讓人擊掌叫絕。（上圖）

怎樣的一雙巧手，能將木門做得如此精巧？雖細緻卻不失厚重感覺，恰到好處。（下圖）

如此鮮豔的色彩與複雜的紋樣，大雜燴似地湊在一起，偏偏還特別好看，真不能不佩服西班牙民族的色彩感和形式感。

石牆、木窗、鑄鐵欄杆，地中海風格的典型組合。（上左圖）

濃墨重彩的西班牙彩繪釉磚，為整體環境增色不少。（左圖）

色澤與原木建材的搭配、樸質絕不過度修飾的原漆，這些都是完成一個良好而不做作的「地中海風格」的必要條件。嚮往藍天碧海、豔陽風情的人也的確值得將「地中海」的空間內涵複製到自己每天所面對的空間之中。

地中海（Mediterranean）源自拉丁文，原意為地球的中心。在浪漫的海洋氣息之外，再現地中海當地建築的特色是「地中海風格」設計的重點，如拱門與半拱門、馬蹄狀的門窗、手工漆刷的粉白牆、被海風吹掠經年的粗糙灰泥牆或橘黃坏土牆。家具儘量採用低彩度、線條簡單且修邊渾圓的木質家具。地面則多鋪地磚，如果鋪陶磚就更有當地色彩了。在廚房裡，如果能用上少許木材，地面鋪上陶磚，以白色為主體或多些白色，地中海風格就有了個基礎。在起居室，窗簾布、桌布與沙發套的選用上，可以用棉織物，圖案用格子、條紋或細花都很恰當，感覺純樸又輕鬆。另外，光線在「地中海風格」裡格外重要，「地中海風格」的美，就是海與天明亮的色彩、彷彿被水沖刷過後的耀眼的白牆，可以用一些半透明或活動百葉窗讓陽光直接照進來，而銀色聚光燈的強烈光線有點像豔陽的明亮感，只是有點刺眼。

最近，國內住宅建設上有地中海風格熱，先是千篇一律的叫「西班牙風格」，不久前又出現了「托斯卡尼風格」。那種樓盤，我看過一些，充其量不過是有點形似而已，細節都很粗糙，基本是種商業噱頭罷了。

用彩繪釉磚來裝飾樓梯，很有氣氛呢。（左頁圖）

正因為漆色斑駁，長木椅更顯歷史的滄桑。

方形的塔樓，在西班牙建築中很常見到。

雕花石拱和鑄鐵格門，黑白對比，剛柔並濟。（右圖）

彩繪釉磚也廣泛應用在室外環境裡（左頁上圖）

每一個細節都讓人品味再三，流連忘返。（左頁下圖）

聖塔巴巴拉驚豔

去過了西班牙，看過了義大利，探訪了一些地道西班牙風格的西班牙小城鎮，有許多還是很動人的。但是，如果想找一個非常純粹的典型，即使在西班牙和義大利，除了鄉下小地方以外，還不是太容易找到。反而，遠在太平洋邊上，倒有個最最集中體現了非常純粹的地中海風格的小城——美國西海岸加州的聖塔巴巴拉。走遍該城的上上下下，所見到的建築、園林、景觀、廣場，只有兩大類別：一種是西班牙殖民復興式的，主要在市中心地

聖塔巴巴拉縣的聖塔依涅茲山谷（上左圖）

聖塔依涅茲山谷的東面是聖拉菲爾野生動植物保護區（下左圖）

聖塔依涅茲山谷中的洛斯普利陀斯馬場，以培育阿拉伯種馬聞名。（右頁上圖）

聖塔依涅茲山谷裡的老橡樹。印地安人的楚瑪什部族曾經在這裡生活。（右頁下圖）

聖塔巴巴拉植物公園湍急的溪流（上圖）

聖塔巴巴拉市的民居之一（右圖）

聖塔巴巴拉城西的海灘（左頁圖）

區，圍繞市民廣場附近；另外一種是位於聖塔巴巴拉峽谷地區和山坡上的那些豪宅，許多都是地中海邊的義大利文藝復興風格的。如此純粹的風格類型城市，走南闖北，迄今我也還就只見過這一個。

聖塔巴巴拉是洛杉磯北部一個很靜謐的小鎮，從市中心開車，若走101號公路，大約兩個小時就到了，不知道的人往往開過了也沒有覺察，因為公路兩邊全部是桉樹林，形成一條綠色的甬道，透過樹林向西邊望去，看見的是一碧萬頃的太平洋，並不太見到城市。最近有批設計師從中國來訪，租車開去舊金山市，考慮到他們時間不足，我沒有特別告訴他們聖塔巴巴拉的位置，他們居然渾然不覺就開過了。事後說起來，有點後悔。我說在美國留點遺憾也好，下次又有理由再來了。

我第一次去聖塔巴巴拉是在1988年。我來美國早年是在東部的賓州州立大學教書，後來轉到洛杉磯的藝術中心設計學院任教，賓州州立大學研究生院院長佩奇在我到洛杉磯的第一年就出差到洛杉磯，並且是要到加州大學

聖塔巴巴拉市的民居，兩層樓加上陽台。（上左圖）

聖塔巴巴拉市的民居，花園以白牆為造型。（下左圖）

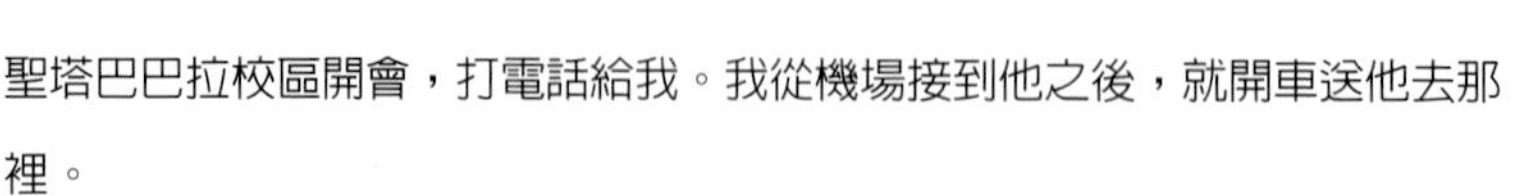

聖塔巴巴拉校區開會，打電話給我。我從機場接到他之後，就開車送他去那裡。

去之前也聽說聖塔巴巴拉美得出奇，秀得獨特，當時倒不大在意，因為覺得自己將南加州沿海最漂亮的濱海區基本都跑過，估計也差不太多吧。把佩奇送到加州大學聖塔巴巴拉校區之後，由於時間還早，我沒有立即上高速公路，而轉進了通進聖塔巴巴拉市內的一條市區道路。正當我東張西望之

散落在青翠山谷中的民居

時，眼前突然出現了一座宛如夢境的地中海風格的市鎮，二百年歷史的沉澱，巨大的樹林像華蓋一樣遮掩著這個世界上最精美的地中海風格（或者我們叫加州風格）的城市，那些叫 adobe 的乾打壘建築，那些米色、橙色的紅瓦傳統建築，那些曲徑通幽的小巷，那些歷史建築上用蘆葦鋪的屋頂，和紅瓦屋頂交錯，鱗次櫛比，有點恍然隔世的感覺。我一輩子從來沒有見過一個保存得如此完整，建造得如此精緻的單一風格城市，猛一下，可真是目瞪

聖塔巴巴拉海邊高大的棕櫚樹，在烈焰般的晚霞中的剪影。

口呆了。趕快停了車，在街頭樹蔭裡找了個咖啡館坐下，就那樣看著熙熙攘攘的路人，沉浸在一種很奇怪的夢的感覺中。

從那次以後，我就經常去聖塔巴巴拉。以後也去西班牙、義大利南部、法國南部、葡萄牙，沿著地中海繞了一圈，看過不少精彩的地中海建築。在加州沿海，在佛羅里達州沿海走得就更多，看得也更細，但卻沒有見過任何一個可以與之媲美的，如此風情濃郁、集中純粹、精美絕倫的城市。如果要看地中海風格建築群，或者說加州風格城市，我想，聖塔巴巴拉是當之無愧的首選，是第一位的。

回頭看看歷史，在這裡住過的名人還真不少。美國前總統雷根在這裡有個農場，是他極其珍視的「第二個家」。入主白宮的八年裡，他經常到這裡度假，在山坡上騎馬，是他最喜歡的活動。影視界名流在這裡住過的就多了，好像卓別林，就乾脆在這裡開了家旅館，專門用來招待自己的業界朋友；歌星麥可・傑克遜的「烏有鄉」家園也在這裡，在聖塔巴巴拉北面一點的山坡上，像是一個小型的迪士尼樂園，不過後來他的官司不斷，這個園恐怕遲早要轉手，有點可惜。

複製和傳承

自從西班牙人將西班牙風格，地中海風格，摩爾風格等等帶入美國之後，鑒於氣候、地理等各方面的相似，加上當年的西海岸尚未形成自己的文化傳統，也沒有成熟的人文氛圍，所以這些風格很容易就在北美大地上生下根來了。

上個世紀初的美國人，對歐洲文化非常崇敬的，他們認為自己的根還是在歐洲，對歐洲的浮華世界還是非常憧憬的。一旦經濟上成熟了，他們首先想複製的當然是歐洲的文化。不過當時英、法等歐洲霸主尚未將影響擴散到廣袤的西海岸來，所以西班牙就以當然的歐洲文化代表身份獨領風騷了。這恐怕也是為什麼西班牙風格能在美國西海岸地區發揚光大的原因之一吧。

開車走過德州、內華達州、亞歷桑那州、加州等美國西南部各州，處處都可以感受到西班牙文化在衆多方面的影響：建築，飲食，歌舞，服裝，甚至語言。我所住的城市叫 El Monte ，就是西班牙語中「山」的意思。我們的小區，叫 California Vista ，就是「加利福尼亞村莊」的意思。我去學院

開車穿行於洛杉磯的住宅區，到處可以見到類似的宅院。

培養過錢傳長、周培源、錢學森等中國科技泰斗的加州理工學院，校園中有不少西班牙風格的建築。（左圖）

雖然學院規模不大，學生不足2000人，但曾獲得過諾貝爾科學獎的教授就有十餘人之多，這個西班牙式的小庭院中曾經留下過多少科學菁英的足跡。（下左圖）

雖然研究的項目屬於世界尖端級別，校園的氛圍卻是古色古香。（下右圖）

杭廷頓海濱市（Huntington Beach）的一個大型購物中心，方形塔樓、紅牆白瓦，也是典型的西班牙風格。（上左圖）
購物中心方形塔樓頂部柱式和立面上的弧形飾線，洋溢著濃郁的西班牙風情。（上右圖）
長堤市（Long Beach）海邊一家西班牙風格的旅館。白牆紅瓦，在加州的藍天下分外醒目。（下左圖）
旅館大廳的設計，動用了大量西班牙風格的裝飾元素。（下右圖）

上課，必經之路是 Linda Vista ——又是一個 Vista！星期天去逛逛 Mall，名字也叫 Paseo Calorado。電台裡常有拉丁歌曲播出，路邊的餐館更是什麼 Taco Bell（中文名字好像叫塔可鐘吧，上海的店面竟然像高級餐館那麼講究了），Baja Fresh，一串一串的，今年連洛杉磯市長也是西班牙後裔當選了。可以毫不誇張地說，連我這樣一個外來者，西班牙文化也已經滲透到我的生活中了，更何況土生土長的加州人呢。

記得還在武漢大學讀研究所的時候，和當時來校任教的美國老師聊起來，他居然從來沒有到過加州，沒有去過洛杉磯，用他的原話說「加利福尼亞是西班牙，不是美國」。看看我們周圍的環境，想想我們日常生活的細節，不能不承認，西班牙文化的影響還真是相當深厚。

大概因為寫這本書的緣故吧，平時一晃而過的種種印象都突然鮮明起來了；平時司空見慣的畫面也都連貫起來了。其實，國內這幾年大家口中的加州風格，源頭就來自西班牙和由西班牙人帶來的地中海等風格啊。

洛杉磯繁華的威爾榭大道上，不少高級公寓都採用了地中海風格的設計。（上左圖）

威爾榭大道上的另一棟西班牙風格住宅（上右圖）

有「南加州最漂亮市政廳」美譽的帕薩迪納市政廳，是典型的西班牙式建築。（右頁圖）

帕薩迪納市（Pasadena）一棟新建的集合住宅，也採用了西班牙風格。（下左圖）

住宅臨街正門的拱形門洞（下右圖）

美侖美奐的帕薩迪納市政廳主塔樓（上左圖）
帕薩迪納市政廳內院的雕塑噴泉（上右圖）
帕薩迪納一所高級神學院內的花園噴泉，很有地中海風味。（下圖）

帕薩迪納西方大旅館的庭院設計中，大量採用了西班牙式的彩釉磚鋪設。（上左圖）
西方大旅館的庭院佔地並不大，噴水池也很小巧。（上右圖）
彩釉磚貼面應用又一例（下圖）

Louise's
TRATTORIA
LOUISE'S
TRATTORIA
HAPPY HOUR
Pitchers
$6.50
$8.50

新港市（New Port）的大使旅館（上圖）

大使旅館的主入口（右圖）

帕薩迪納市老街上的商店雖然經過重新裝修，內部非常考究，但外立面仍保留了上個世紀西班牙風格盛行時的歷史原貌。（左頁上圖）

費爾蒙書店通向停車場的樓梯，採用了布幔遮陽和碎花瓷磚拼貼來裝飾。（左頁下左圖）

帕薩迪納費爾蒙書店後院的牆面裝飾（左頁下右圖）

在新港市，有一棟保存的很完整的西班牙式豪宅，大約建於上個世紀的20年代。（右圖）

厚重的方形柱、裸露的粗木樑、鑄鐵門燈、馬蹄形窗戶……，無一不是典型的西班牙裝飾細節。（下圖）

乾打壘式的厚牆和刻意留下手工粉刷痕跡的立面，都在營造一種地中海式的風格特徵。（左頁上左圖）

大使旅館院內的噴泉（左頁上右圖）

新港市的西班牙豪宅，現在為一家保健機構所擁有。（左頁下圖）

半是室內，半是室外的寬敞迴廊，讓新港得天獨厚的涼爽海風給整棟巨宅送來清涼。（上左圖）

窗台的鑄鐵裝飾自然是必不可少的（中左圖）

樓上的欄杆，是用紅瓦砌成的。（下左圖）

非常氣派的弧形樓梯，可以從二樓直接走進花園。（右頁上左圖）

八角形的主樓上是主人臥房，從這裡可以望到太平洋。（右頁上右圖）

手刷的白牆上，一個陶製獅頭裝飾分外醒目。（右頁下左圖）

新港市海濱大道上，一家西班牙風格的教堂。（右頁下右圖）

方形塔樓深得地中海風格的神韻（上左圖）

鐵製的大門上有主人姓氏的縮寫，宣示著不同凡響的地位和身分。（中左圖）

洛杉磯市中心一家豪華旅店大門（下左圖）

聖蓋布利爾市（San Gabriel）保存完好的教堂鐘樓（右頁圖）

Santa Anita
GRAPE VINE

聖蓋布利爾市的一處歷史遺跡——西班牙傳教士當年釀酒的酒廠
（左頁上圖）

購物中心 Paseo Calorado ，有個非常西班牙式的露天咖啡座。
（左頁下圖）

Paseo Calorado 中心廣場一角，水池貼面的彩釉畫磚、牆上的鑄鐵花板、陶盆中的仙人掌類植物，在加州的陽光下顯得生氣勃勃。
（右圖）

Paseo Calorado 的購物街（下右圖）

02 歷史軌跡

The Path of Heritage

聖塔巴巴拉的源起

聖塔巴巴拉的美麗，具有一種攝魂奪魄的魔力，第一次去的人常會被震撼得難以找到適合的辭彙來抒發自己的感受。

最早喜歡這裡的人肯定是印第安人。曾經有一個叫楚瑪什（the Chumash）的印第安人部落，最早在這裡定居。不過北美印第安人沒有建造過永久性的城鎮，僅僅是逐水草而遊牧，搭個帳篷住下來而已。不過，他

這是為紀念「警覺號」三桅帆船於1836年到訪聖塔巴巴拉而燒製的彩色釉面磚。

西班牙軍營（El Presidio）的後院和鐘樓（左頁圖）

建於 1804 年的聖因耐斯教堂，是在加州建造的第 19 棟教堂。因收藏和保存了許多印第安原住民的壁畫作品而出名。

拉普利西瑪教堂原建於 1787 年。後經多次維修，甚至重建，但每次都嚴格按照原樣複製，連極小的細節也不馬虎。（左頁圖）

們比其他地方的印第安人要幸運得多：這裡林中的樹上盛產金黃的橘子和淺紅色的葡萄柚，而河流裡成群結隊的淡水魚簡直食之不盡，群山環繞，可供狩獵，不但草肥水美，更兼氣候宜人。

　　最早到達這裡的西方人是葡萄牙人。 1542 年，葡萄牙探險家胡安．卡布里羅（Juan Cabrillo）來到這裡，發現如此一塊風水寶地，簡直猶如天堂。他即刻代表西班牙當局宣布這裡歸西班牙所有，並同時與當地的楚瑪什印第安人建立了比較友好的關係。

聖因耐斯地區風景秀麗，這是盡頭的山澗小瀑布。

1560年以後，聖塔巴巴拉對岸的太平洋上有場風暴，西班牙艦長塞巴斯提安．維絜諾（Sebastian Vizcaino）率領著一支小小的船隊到聖塔巴巴拉的內河裡躲避風雨，那天正是天主教的聖塔巴巴拉節，因為在這裡躲避，整支船隊得以平安無恙，維絜諾感恩而把這個地方、這個海灣統稱為「聖塔巴巴拉」，這裡的名稱就是這樣來的，後來在這裡建立的聖塔巴巴拉大教堂自然也就沿用了這個名稱。

丹麥移民的大本營——索旺

雖然西班牙人很早就發現這個地點，但是卻一直沒有認真開發。200多年後，神父朱尼皮羅・塞拉（Father Junipero Serra）和兩個西班牙軍官——胡塞・奧特加上校（Captain Jose Ortega）、總督菲力浦・德・尼維（Governor Felipe de Neve）從墨西哥上來這裡，建立一個西班牙皇家駐地，那是1782年的事情了。4年之後，建造了聖塔巴巴拉大教堂。同時還一口氣在聖塔巴巴拉縣建了其他兩個教堂，包括在鄰近索旺的聖因耐斯

索旺的建築、美術、食品和居民服裝都保留著相當濃郁的丹麥色彩。1939 年，加冕的丹麥王子佛里德力克曾經訪問過索旺，後來，還多次到訪。

（Santa Inés in Solvang），以及拉普利西瑪（La Purísima）附近的朗伯克（Lompoc）。索旺那個地方後來成了丹麥移民的大本營，把整個城市建成了丹麥鎮，現在成了加州中南部的旅遊點。一般人並不知道那個地方叫索旺，就叫它「丹麥城」了。

西班牙人統治聖塔巴巴拉這個地方很久，直到 1822 年，那年墨西哥獨立，推翻西班牙人的殖民統治，加利福尼亞成了墨西哥的領土。但是墨西哥人並沒有能夠在這裡待下，成長中的美國人開始不斷西移， 1846 年，美國軍官約翰．佛里芒（Colonel John C. Fremont）宣佈加利福尼亞歸美國所有， 1850 年，加利福尼亞成為美國的一個州，而聖塔巴巴拉就成了加州的一個縣。

電影人的聖塔巴巴拉

上世紀 20 年代的查理・卓別林

卓別林在電影中穿著的道具鞋，在明星大道上留下「足跡」，旁邊是他本人的親筆簽名。（下圖）

歸屬美國後，聖塔巴巴拉起初並沒有受到外界變化太大的衝擊，一直保持著西班牙風格的乾打壘建築小鎮氛圍。到 20 世紀初，加州的一些工商、文化界名人發現了這個靜謐的小鎮，開始大量湧入這裡。

最早進入聖塔巴巴拉的產業是電影工業，這裡陽光明媚不用說了，而整個城市就好像地中海中的一個古鎮，自然成了一個絕佳的外景場地，好多電影公司來這裡拍攝。1910 年，美國電影公司（the American Film Company）在聖塔巴巴拉開設了「飛翔 A 號」電影棚（Flying A Studio），地點就在教堂街（Mission Street）和州街（State Street）交叉的街口上，在相當長一段時間內，一直名列世界最大的電影攝影棚。十年中，有上千部電影曾經在這裡拍攝。後來，由於聖塔巴巴拉離開電影後期處理的中心——好萊塢還有兩、三個小時的車程，因此「飛翔 A 號」攝影棚於1920年關閉，而從這裡遷移到好萊塢、布林班克一帶去了。

電影工業雖然搬走了，但是電影明星卻搬了進來。他們發現聖塔巴巴拉是一個不可多得的絕佳住處：離電影中心洛杉磯不遠，卻又避開了都市的喧囂；風景如畫，氣候宜人，還有濃厚的古典文化氣氛。於是，好多電影明星

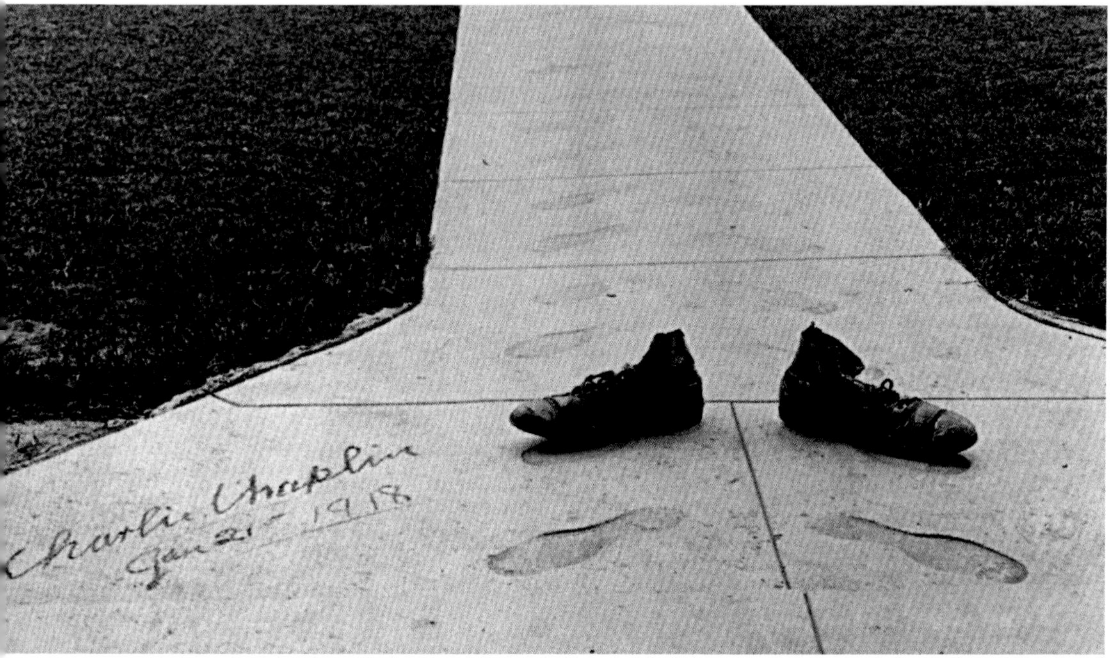

就在這裡住下了，即便不在這裡安家，也在這裡度假，聖塔巴巴拉透過電影工業打開了知名度。

隨著許多電影明星在這裡定居或度假，許多純粹加州風格、西班牙風格的別墅因此建造起來了。有些建在鎮裡，更多的是在後面的山裡，背靠青山，俯瞰太平洋。20世紀上半葉，好萊塢的電影皇帝道格拉斯·費爾班克（Douglas Fairbanks）、有「美國甜心」之稱的瑪麗·皮克福特（Mary Pickford）都在這裡的山林中擁有自己的豪宅。當時住在這裡的電影演員中，最著名的要算查理·卓別林（Charlie Chaplin）了。他在1928年請建築師專門為自己設計建造了一座豪宅加旅店，起名為「蒙特西托」（the Montecito Inn）。這個旅店主要是為電影圈的人服務，每到週末，好多電影名流就從洛杉磯過來度假，在這裡開派對。

1935年，羅奈爾得·科爾曼（Ronald Colman）、阿爾文·魏因岡特

卓別林扮演的流浪漢角色，家喻戶曉，深入人心。這是卓別林的幾種「招牌姿勢」。

卓別林與在電影《流浪漢》中和他演對手戲的四歲小演員迪安·芮絲納合影於自家門前的草地上。（右頁上圖）

卓別林與來訪的俄國芭蕾舞演員安娜·巴甫洛娃的合影，攝於1922年。（右頁下左圖）

世界影壇的喜劇泰斗——查理·卓別林，1919年攝於卓別林電影工作室門前。（右頁下右圖）

HEAR HER GOLDEN VOICE
MARY PICKFORD
UNITED ARTISTS
HEAR THE NEW MARY PICKFORD IN COQUETTE
HER FIRST ALL TALKING DRAMATIC PICTURE
HEAR MARY
PICKFORD IN
COQUETTE

20 世紀上半葉，好萊塢最受歡迎的「電影皇帝」道格拉斯・費爾班克和他的兒子。也曾在聖塔巴巴拉度過一段美好時光。

1929 年，瑪麗・皮克福特榮獲奧斯卡最佳女演員獎。（上左圖）

道格拉斯・費爾班克當年扮演的西班牙傳奇英雄佐羅，在全美掀起一股西班牙熱。（左圖）

1921 年 9 月 9 日，卓別林從好萊塢載譽返回英國，在前往旅館的途中，受到熱情的倫敦民衆夾道歡迎的盛況。（左頁上圖）

瑪麗・皮克福特主演的首部有聲電影在洛杉磯上映時，觀衆排長龍購票的情景。（左頁下左圖）

有「美國甜心」之稱的好萊塢明星——瑪麗・皮克福特，曾經住在聖塔巴巴拉。（左頁下右圖）

道格拉斯和他的朋友們從附近山林裡打獵歸來

瑪麗和道格拉斯是首批在明星大道上留下痕跡的好萊塢巨星。這是當年他們按下手印的情景，後立者是當時中國戲院的老闆稀德·格勞曼。（左圖）

（Alvin Weingand ）在聖塔巴巴拉附近買下了聖伊西德羅牧場（the San Ysidro Ranch），常在那裡招待朋友和客人，這就開了風氣之先。卓別林式的招待是請朋友住在自己在鎮上的旅店裡，而魏因岡特則是請朋友住在牧場上。因此，買大屋的、建豪宅的、開自己旅店的是一類，另有一類就在附近山上、海邊大買牧場，保持原生態環境，更受歡迎。

企業家的聖塔巴巴拉

聖塔巴巴拉這種富裕的居民環境，將不少企業家也引來了這裡。他們不但住在這裡，還在這裡創辦了自己的公司。幾十年內，一個這樣小小的城市，居然出現了許多全美國、全世界頂級的大公司，這可是其他地方少見的。比如美國最大的廉價汽車旅館集團「六元汽車旅館」（Motel 6）、「洛克希德飛機集團」（Lockheed）、「大狗運動服裝集團」（Big Dog Sportswear）、「美國巴蘭斯酒吧集團」（Balance Bar）、「卡洛斯連鎖西餐館」（Carrows）、「金科複印中心」（Kinko's）、「前面領地公司」

美國航空業的先驅人物——艾倫·洛克希德和瑪爾孔·洛克希德兄弟在他製造的 F-1 型飛機上，這是當時世界上最大的水上飛機。（右圖）

用今天的標準來看，這架洛克赫特 G 型飛機確實非常簡陋，但它卻是上個世紀初最先進的飛機了。它還具有一個當時所有其他飛機都不具有的本領：能賺錢！公司已經收到訂單了。（右下圖）

(Territory Ahead)、「詹巴果汁公司」(Jamba Juice)都是著名大企業,它們都是在聖塔巴巴拉誕生的。

在美國大學工作或者讀書的人都知道:大學校園附近一定有家金科中心。那裡把所有複印、列印、裝訂的設備集中於一室,並且運作標準化。你只要帶張自己論文的圖文光碟去,從那裡出來就成了一本精裝論文集了。那種服務,使校園中人個個稱便,人人趨之。這個店最早開在加州大學聖塔巴巴拉校區門口,那是伊斯拉—維斯塔(Isla Vista)路上的一間只有10多平方公尺大小的房間,最初只有一台影印機,現在已經成為全球性的大企業了,聽說最近會登陸北京呢。至於洛克希德飛機公司,則成為全世界最重要的軍用飛機公司之一,擁有美國空軍、美國民航局等超級客戶,它居然也是在這個山清水秀的小鎮開始發展起來的,就真有點匪夷所思了。

在美國開車旅遊,一家全國連鎖的經濟汽車旅館始終不離左右。它於50年代起家時,

二次大戰期間，洛克希德公司為反法西斯的盟軍提供了大量飛機。這是當年的繁忙景象——裝配廠房不夠用了，乾脆在旁邊的空地上進行組裝。

二次大戰結束後，洛克希德公司迅速成長為世界航空巨子，這是荷蘭的 KLM 航空公司拍攝的商業廣告，背景為該公司購置的洛克希德客機。（左圖）

洛克希德兄弟和他們大獲成功的 F-1 型水上飛機（左頁上圖）

1919 年聖塔巴巴拉的洛克赫特飛機製造公司（即今日的洛克希德飛機集團的前身），為美國海軍生產了 HS-21 型飛機，這是飛機出廠前，公司的高級主管在飛機前的合影。（左頁中圖）

首位飛越大西洋的著名美國飛行員林登伯格。1930 年 4 月 20 日他曾經駕駛洛克希德公司的飛機，創下了當時由美國西岸南加州的小城格蘭岱爾，飛到東岸的大都會紐約的最新記錄：14 小時 44 分 32 秒。（左頁下圖）

隨著現代科技的不斷發展，洛克希德公司的產品也日新月異。這是美國空軍地勤人員正在為該公司生產的 F-117 型飛機裝載 GUB-27 型雷射導航飛彈。（上圖）

2-03-09：馬丁公司加入洛克希德集團後，該公司在探索型研究方面投入更多，這是在機場上等待試飛的「黑星」衛星通訊機。（下圖）

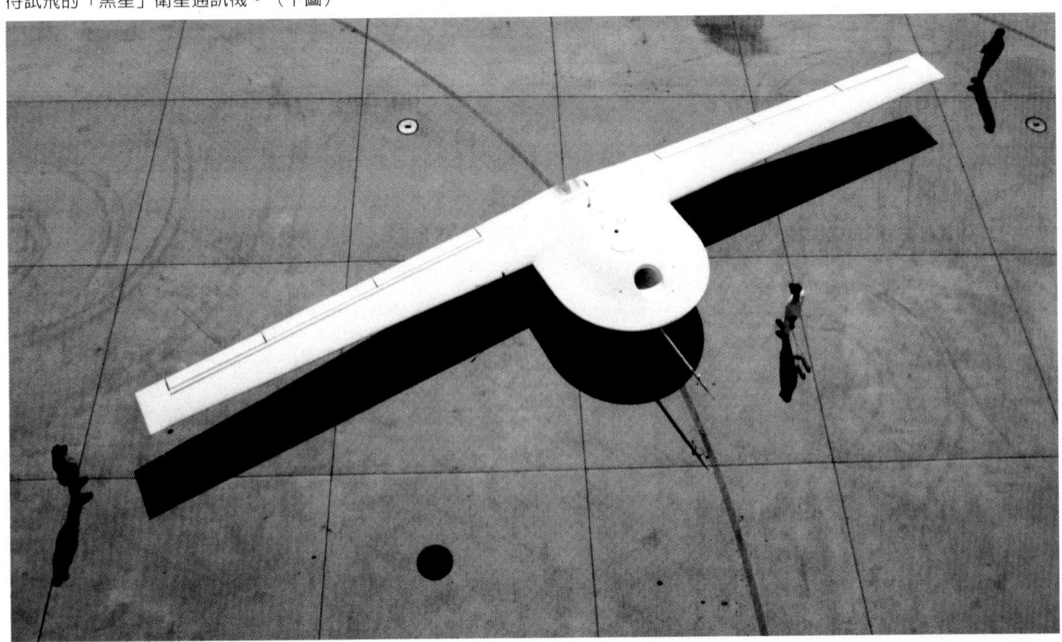

人類探索宇宙的征途中，也留下洛克希德—馬丁的足跡。這是該公司研發中的 X-33 型航太飛機載運飛行器。（上圖）

「前面領地公司」在聖塔巴巴拉的辦公室（下左圖）

由南到北，整個西海岸地區，到處都有「詹巴果汁」。幾十年過去了，源自聖塔巴巴拉的「詹巴果汁」小旋風還在刮個不停。（下右圖）

只要 6 美元一晚，因此叫「六元汽車旅館」，現在雖然價格已經是 30 、 40 元一晚了，但依然是全國最便宜、最標準化的汽車旅館，好多駕車出門的美國人還是喜歡住在那裡。它價錢公道，設備標準，停車方便，大都開在高速公路出口的附近，容易上路。我幾次駕車穿越美國，也總是找它來住。而這家連鎖汽車旅店的發跡，也在聖塔巴巴拉。

一個這樣秀麗的小城，居然出了這麼多全國性、國際性的大企業，也算是一段美國傳奇了。

03 Architectural Style of Santa Barbara 聖塔巴巴拉的建築風格

聖塔巴巴拉風格

聖塔巴巴拉的建築，有些人說是加州風格，有些人說是地中海風格，有些人說是西班牙風格，其實最準確的說法應該是聖塔巴巴拉風格。因為這裡的建築，是汲取了以上幾種風格的長處，再融合本身的條件而形成的，很獨特。與上面那些風格相比，雖然有不少共通性，但是也有很突出的本身個性特徵。你仔細看看這裡的建築，有地中海特點、有摩爾風格、阿拉伯風格細節，也有加州其他地方建築的特點，卻是融為一體的做法，是聖塔巴巴拉的融合手法。

紅瓦自然是最醒目的建築特點，所以這種風格又被稱為紅瓦風格（Red Tile Style）。鑄鐵的窗門構件，精緻的陶瓷建築貼面，都很具特色。窗戶四周甚至樓梯的每一級踏步，都有裝飾，但依然大氣、自然。有人說：聖塔巴巴拉是全世界最地中海風格、最西班牙風格、最加州風格的城市，依自己在世界各地的親眼所見而言，我是同意這個說法的。

到底一個城市如何能夠使自己的風格保存得如此之完美呢？在全世界各地，尤其近年來在中國，我們眼睜睜地看到多少古典城鎮被現代化發展無情地摧毀，而聖塔巴巴拉離開美國最喧囂的大都會洛杉磯才兩個鐘頭的車程，卻能夠被保存得如此精緻、完整，實在令人佩服。它的功臣是一名規畫工程師，名字叫伯因哈特‧霍夫曼（Bernhard Hoffman），他組成了聖塔巴巴

聖塔巴巴拉縣法院鐘樓內景觀。威廉‧莫瑟的兒子在西班牙生活了17年之久，此時也趕回來參加了設計工作，為大樓注入了濃郁的西班牙風味。（左頁圖）

建於1931年的聖塔巴巴拉初中。是由威廉‧H‧威克斯索設計。（下左圖）

就連這間汽車維修站，其建築造型也嚴格遵循市政府規定的規定。（下右圖）

聖塔巴巴拉的新購物中心，建於 20 世紀末，它將整個外立面劃分成不同形式的小單元，各有其特色，顏色和牆面材料皆不同，但其整體效果還是比較統一的西班牙復興風格。（上圖）

1955 年竣工的聖塔巴巴拉舍孔大樓（Circon Building）是一棟建築面積 7000 多平方公尺，兼具辦公和加工性質的綜合建築。其外牆設計完全遵循了 1920 年代晚期的西班牙風格。（下圖）

聖塔巴巴拉市內的一棟辦公樓宇（上圖）

聖塔巴巴拉信託銀行大樓，是2001 年的新建築，但嚴格地保持了聖塔巴巴拉風格，採用了不少1920 年代的西班牙建築裝飾細節。（下圖）

拉市政規畫委員會（the City Planning Commission），和其他的立法機構的委員會、行政機關的建築控制機構合作，在 20 世紀中對整個城市的建築風格透過立法的方式進行了嚴格的控制。依照立法，聖塔巴巴拉的每棟新建築一方面要安全，符合現代生活的安全標準，同時在建築設計上要符合這個城市的歷史風格。霍夫曼主持制定的這一整套法規成為保證聖塔巴巴拉在發展過程中，得以保存自己傳統風貌的重要基石。

聖塔巴巴拉的城市發展，也不是一帆風順的。 1925 年，聖塔巴巴拉遭

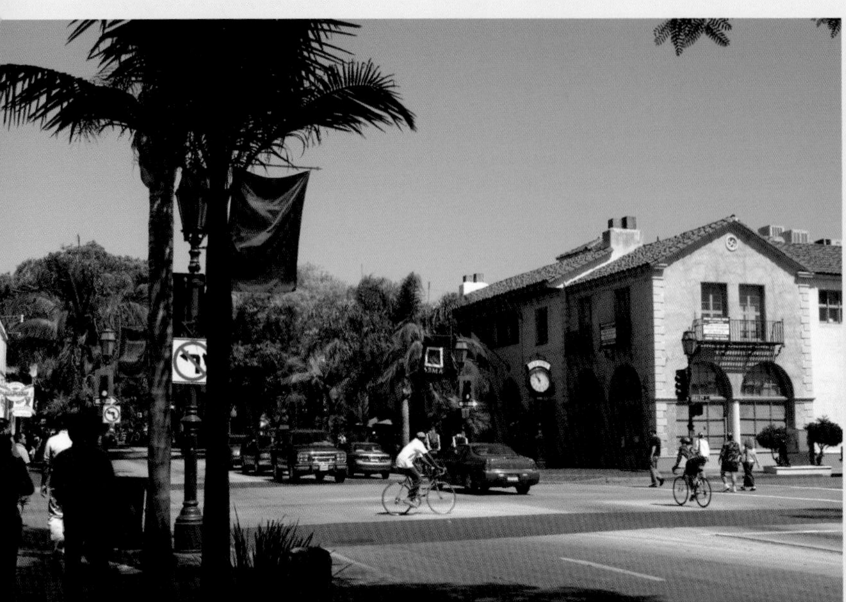

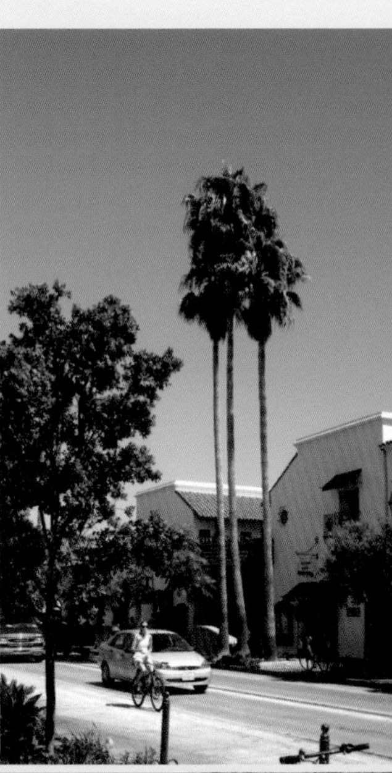

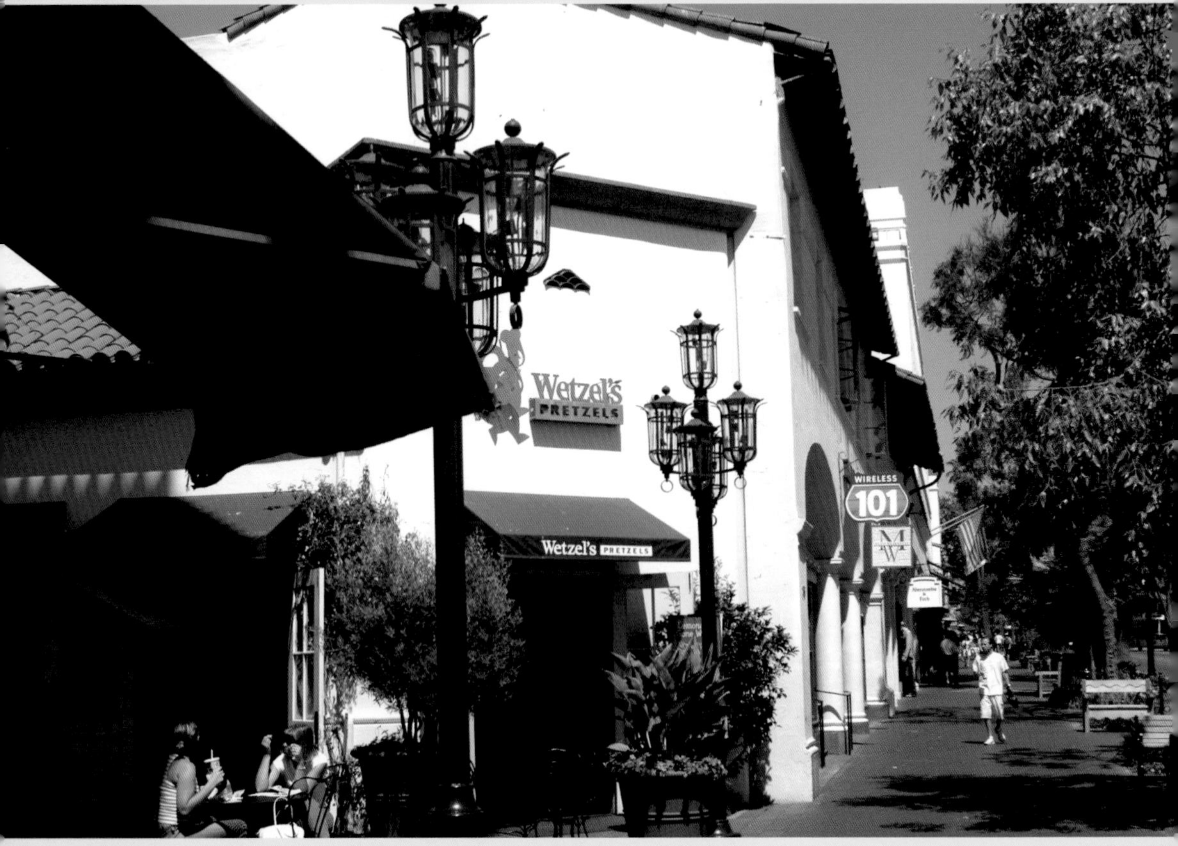
Wetzel's
PRETZELS
Wetzel's PRETZELS
WIRELESS
101

聖塔巴巴拉的橫街窄巷裡，常能遇到這樣讓人眼前一亮的景致。（上圖）

非常西班牙風味的噴水池，連地面的石塊都鋪得很道地。（右圖）

今日聖塔巴巴拉街景（左頁上圖）

自行車和汽車並排通過高大的棕櫚樹和紅瓦白牆的路邊建築——令人心動的優雅小鎮風光。（左頁下左圖）

雖是繁榮的商業區，依然保有一份悠閒的情調。（左頁下右圖）

街角小咖啡店的這面彩瓷磚牆，道出了聖塔巴巴拉小鎮的緣起。（上左圖）

櫥窗上墨西哥四人小樂隊的招貼面，更顯明了與拉丁文化的淵源。（上右圖）

若不看商店門前的英文招牌，你能分得清楚這是在地中海邊還是在太平洋岸邊？一樣是棕櫚夾道，一樣是紅磚漫地，尤其難得的是一樣的從容悠閒。（左頁上圖）

行走在這個可愛的小鎮上，常有置身於歷史之中的感覺。（左頁下圖）

受了一次大地震，市中心那些乾打壘的西班牙風格住宅大部分都被震壞了，後來這裡便有過一次很大的重建工程。好在當時霍夫曼主持規畫工作，才使得城市的形象沒有遭到現代化建築的破壞。任何重建或新建的建築，要經由市政府的規畫部門檢查審核，必須保證是聖塔巴巴拉風格的，是西班牙風格的，是西班牙殖民復興風格的，是地中海風格的。在短短的九個月裡，規畫辦公室的工作人員日以繼夜的審查送交上來要求重建的建築圖，批准了兩千棟住宅建築的重建，正是這個緊張而又嚴格的審查，才使得聖塔巴巴拉具有現在這個純粹的面貌。

1927 年，皮爾．蔡司（Pearl Chase）擔任市政規畫和綠化委員會主席，她在這個崗位上，一直工作到 1970 年代。蔡司女士在任期內進一步完善了城市現代化過程中對傳統保護的法規，並且堅決貫徹執行這些法規，使聖塔巴巴拉變得更加完美。她說「一個美麗的城市，必須有與歷史背景和諧的建築、與所在的地貌相吻合的形式、與城市所在地點的氣候和位置相關的風格。」她對歷史文脈、具體地點、氣候和植被、地形地貌的周密思考，成為現在開發保護歷史城鎮的基本的原則。

聖塔巴巴拉有個建築基金會（The Architectural Foundation of Santa Barbara），一直堅持不懈地承擔著保護歷史建築完善城市規畫的責任，我把它的網址登在這裡，感興趣的人可以上網去看看，一定很有感觸。網址是：www.afsb.org，這個機構的電話是（美國）805-965-6307，還可以打電話去諮詢。

這個建築基金會還組織參觀傳統建築，好像需要兩個多小時才能看完，每個禮拜六和禮拜天早上 10 點開始。當然，這要看天氣情況而定了。

教堂皇后

聖塔巴巴拉，是一位女聖者的名字，在這裡最初是用來給一棟早期的教堂命名的。後來，聖塔巴巴拉市就因為這個教堂而得名。

西班牙人在殖民美洲之後，總是用軍事擴張和宗教滲透並行的方式，來征服印第安人。18世紀前後，西班牙的傳教士就開始從墨西哥向北美進發，在加州濱海沿線建造了許多像據點一樣的教堂，因為這些教士面臨的使命極為艱苦：氣候惡劣、食物匱乏、土人襲擊、來自東部的美國白人的滲透。因此，他們把這些構造簡單的教堂視為自己的要塞，不但是物理意義上的要塞，也是他們精神上的要塞，這些教堂也就叫 mission，字面的翻譯就是「使命」的意思。

多年以前，有部好萊塢電影就叫《教會》（The Mission），1986年底上映的。我當時去看它，很大程度上是想對那段歷史有些感性認識，瞭解那些早期的西班牙傳教士是如何歷盡千辛萬苦建起立自己的教會。那部片子由羅蘭・約佛（Roland Joffe）執導，勞勃・狄尼洛（Robert De Niro）擔綱主演，主要講述在拉丁美洲的使命。故事背景是1750年馬德里條約簽署之後的宗教遠征使命，西班牙傳教士在南美洲建立了七個 mission，為了達到利用宗教征服印第安人的目的，他們不少最後獻出了自己的生命。在我們來看，這個活動自然是侵略性的，宗教侵略是西方文明征服外部文明的一個

矗立在玫瑰花海中的聖塔巴巴拉大教堂

有「教堂皇后」美稱的聖塔巴巴拉大教堂（左圖）

到這裡來參觀膜拜的信徒和旅遊者絡繹不絕（右頁下左圖）

一步步走近端莊秀麗的教堂皇后（右頁下右圖）

主要手段。不過，電影集中到傳教士信仰的忠貞、視死如歸的決心的人性層面，也有感人的地方。從電影中，我也知道了當時那些教堂（mission）是在一種什麼樣的背景下建造起來的。當然，在加州建造教堂，遠比南美洲容易得多。這裡首先氣候溫和，陽光燦爛，沒有那麼多淒風苦雨；其次是這裡的印第安部落比較和平，並不太襲擊西班牙人，因此，西班牙人從聖地牙哥到三藩市，沿線建造了十多個作為傳教中心的教堂。

聖塔巴巴拉教堂（Mission Santa Barbara）是其中最精彩的一個。面對著太平洋，置身在一個鮮花盛開的山谷中，微風吹拂，鳥語花香，真像是

聖塔巴巴拉大教堂正門前面草地上的玫瑰園，是全美國130個註冊的玫瑰園之一，而且是全美20個玫瑰品種培育中心之一。玫瑰園植有900多株80多個品種的玫瑰，有鮮豔盛開、有含苞待放，更有嬌豔欲滴。（上四圖）

建於1786年的聖塔巴巴拉大教堂，歲月也不能損毀她秀麗的容貌。（右頁上圖）

八角形水池中，聖塔巴巴拉大教堂鐘樓的美麗倒影。（右頁下圖）

教堂門前八角形的噴水池（上圖）

聖塔巴巴拉大教堂周圍遺留下來的印地安原住民的石砌小屋（下圖）

來到天堂一樣。當時在南加州建造的衆多教堂中，這棟教堂是最美麗、最壯觀的，因此一直被人們稱為「教堂皇后」（the Queen of the Missions）。

聖塔巴巴拉教堂建於1786年，也就是馬德里條約之後的36年，比電影《教會》中的那批南美洲叢林中的教堂要晚一些。西班牙人從墨西哥北上加州，每來一次，就建一個新教堂。在加州，如果你把那些古代教堂的建成年代排列起來，基本是一條從南到北的序列。建成的時候恰恰是天主教聖徒聖塔巴巴拉節，因此就用她的名字來命名這個教堂。那個時代很流行用聖徒的姓氏為一棟教堂、或一座城市命名，比如現在的舊金山市就是採用了聖徒聖

教堂的陳列室裡，再現了當年傳教士們自己動手製作蠟燭的情景。（上左圖）

聖塔巴巴拉大教堂兩側的長廊（上右圖）

大教堂前飲水渠的出水口（下左圖）

教堂原有供水渠的底部和側壁均以砂石鋪設（下右圖）

佛朗西斯科的名字，聖地牙哥也是一個聖徒的名字，同類的還有聖塔莫尼卡、聖蓋布利爾、聖胡塞等等。

西班牙人當時還不會燒磚建房子，因此只能將泥制磚坯放在太陽下曬乾。用泥磚建教堂，牆就非常厚，但是冬暖夏涼。這種建築在美國西南部比比皆是，西班牙語叫 adobe ，就是我們所說的「乾打壘」。乾打壘建築成本低，建造容易，但是卻不很牢固。好在加州雨量少，建築乾乾爽爽地屹立個百十年沒有問題，但是遇到地震，乾打壘就抗不住了。這個教堂建成之後，短短幾十年內就倒了幾次，神父們一次又一次建造，其中最大的一次地

聖塔巴巴拉大教堂後院

震是1812年那次，整個教堂建築都被摧毀了，現在這個教堂是在1833年的基地上再次建造的。

聖塔巴巴拉教堂的入口在整個建築立面的右側，兩座對稱的塔樓，夾著入口大門，秀氣而莊嚴，整個立面是一條長長的走廊甬道，粗大的木柱向前延伸，和西班牙本土的傳統建築無異。風格上，嚴格說來是兩種類型的混合：傳統的羅馬風格，和從北非傳入西班牙的摩爾風格（Moorish Style ），這兩種風格其實 距離美國本土萬里之遙，但是由於西班牙人先征服了墨西哥，再從墨西哥直接搬過來加州，所以還能師承正宗，學得惟妙惟肖。這樣看來，所謂的加州風格，與西班牙風格，也就是西班牙本土風格（紅瓦白牆乾打壘結構）、羅馬古典風格（教堂柱式和拱券結構）、摩爾風格（阿拉伯式的細節裝飾）等，的確是同宗同源的。

在建築學上，西班牙本土民俗建築風格、羅馬古典風格、摩爾風格在加州建造的西班牙人教堂中融合起來，稱為「misson」風格，也就是加州教堂風格，這個教堂不是正宗來自西歐、中歐的基督教、天主教、東正教，而是來自西班牙、經過美洲殖民地改造之後的羅馬天主教形式，在歐洲反而是沒有的。這形式後來就成為我們稱為「加州風格」建築的核心形式內容了。

南加州瑰麗的夜色給尊貴的「教堂皇后」披上一層神祕的面紗，悠揚的晚鐘在山海之間迴響。

聖塔巴巴拉教堂在 1925 年再次受地震破壞，這次倒了塔樓，裂了牆面，修修補補不夠堅固，後來乾脆在 1953 年把立面全部翻新建造，但仍然完全保持了 1786 年的形式。

在西班牙人 18 世紀建造的眾多加州教堂中，聖塔巴巴拉教堂是唯一的一個現在還在實際使用中的，其他的都已經變成博物館了。

我每次去聖塔巴巴拉教堂的時候，總喜歡把車停遠一點，這樣就有逐步迎向過去的一種感受，步行走進這個教堂的感覺，是和遊客坐大巴開到門前，出來亂拍一頓數位照片的感覺完全不同的。這個教堂的正門前是一片巨大的玫瑰園，花海如潮，香氣濃郁，實在壯觀。那座教堂在陽光下、花海中、襯著後面藍色的峰巒，絢麗得有點令人頭暈。在我去過的所有教堂中，沒有一座能讓我得到這樣的喜樂、感到如此舒暢的。站在那對高聳的雙塔下，你不得不承認，她的確是「教堂的皇后」。

歷史的軌跡

加州瀕臨太平洋，有非常漫長的海岸線。我曾經從聖地牙哥出發，順著太平洋沿海公路走了足足三天，風景秀美或壯麗者，大城小鎮，應有盡有，但是能夠像聖塔巴巴拉這樣自成一體，保持這樣純粹加州風格的城市，似乎僅此一個。我老是問自己：為什麼聖塔巴巴拉能夠做得到？而其他的城市總有些折衷的東西，純粹不起來？加州沿海的氣候條件相同，歷史背景相同，西班牙、墨西哥建築對這個地區的影響也相同。講自然景觀，有些地點比聖塔巴巴拉還要壯觀，整個加州海岸的植被也相似，總是一年四季，鮮花長開樹長綠。至於經濟水準，加州一州的國民經濟總產值，若與世界各國相比，

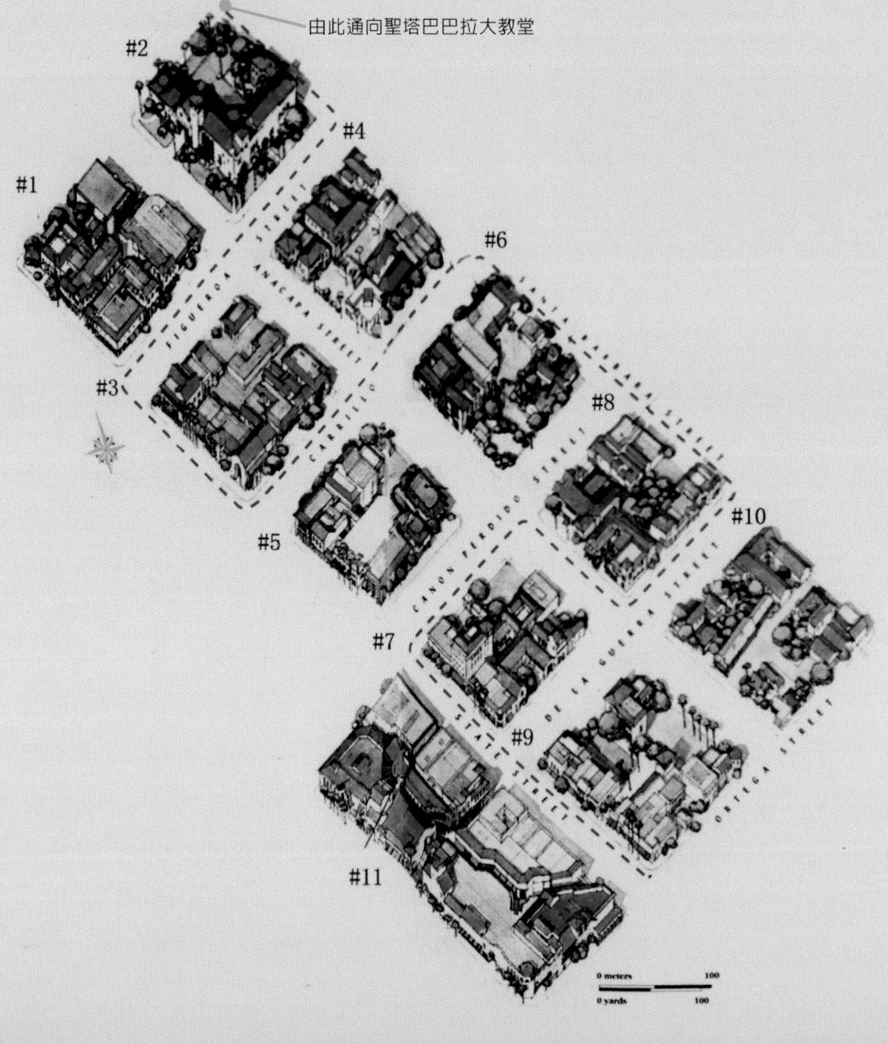

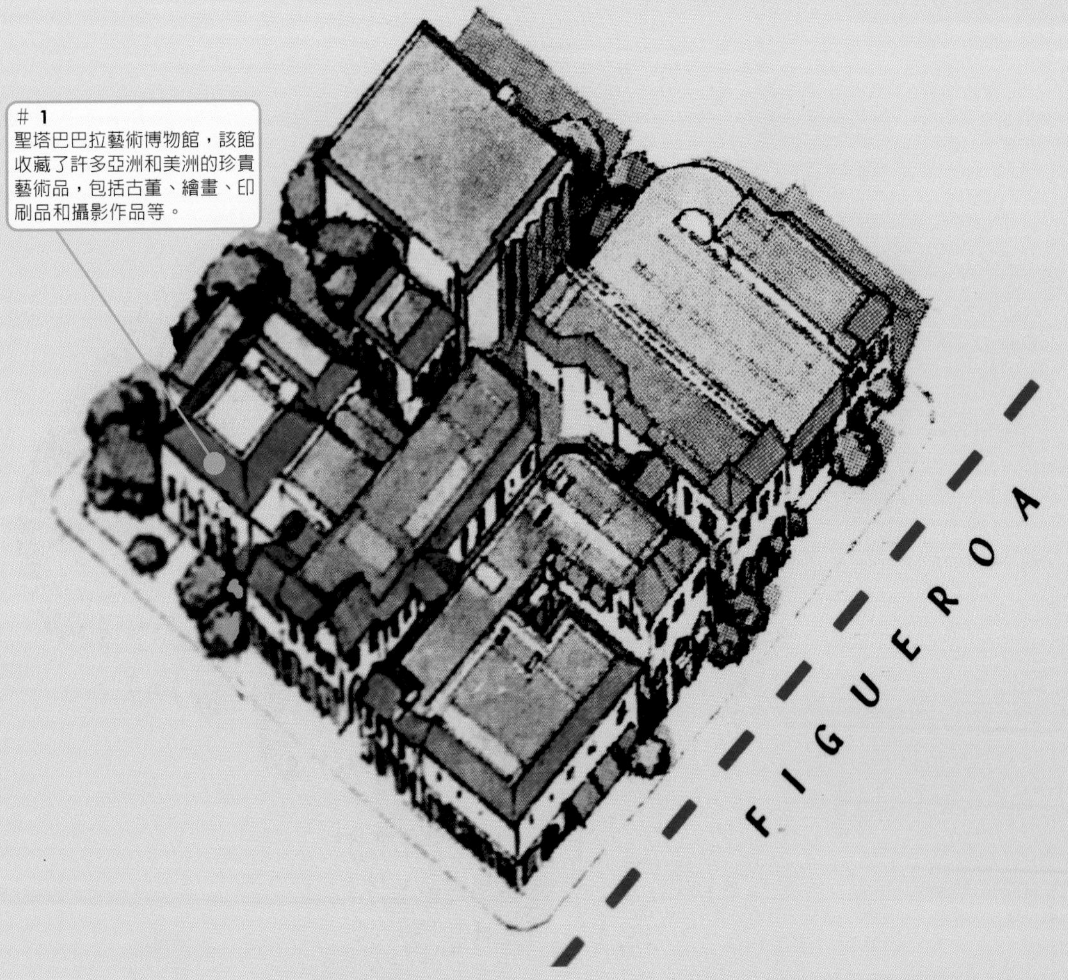

1
聖塔巴巴拉藝術博物館，該館收藏了許多亞洲和美洲的珍貴藝術品，包括古董、繪畫、印刷品和攝影作品等。

FIGUEROA

可以排在第七位，尤其在整個海岸地區，更是富裕得流油，沒有所謂貧困區的問題。然而，在這樣相似的條件下，卻只有聖塔巴巴拉一支獨秀，鶴立雞群，成為最令人心醉的加州城市。是什麼原因導致這樣的結果呢？

除了具有很類似地中海景色特點的風景線之外，我想使聖塔巴巴拉素負盛名的因素之一就是它純粹的建築風格和城市規畫。不過，單純風景、單純建築並不能形成聖塔巴巴拉，聖塔巴巴拉的成功是綜合因素的結晶，是歷史、是人文條件、是自然景觀、是建築風格、是植被、是氣候，還有一個重要的因素是它的居民的成分和素質。一個城市的居民，同心協力建造一個獨特的城市，並且二百年來一直如此，這種條件，不是很多城市能夠具備的。因此，人們才會把聖塔巴巴拉稱為「加州的伊甸園」，就是天堂的意思。

2
聖塔巴巴拉縣法院，這座建於1929年的西班牙殖民復興風格的建築，目前仍在使用中。它的塔樓，是眺望聖塔巴巴拉秀麗景色的絕佳去處。

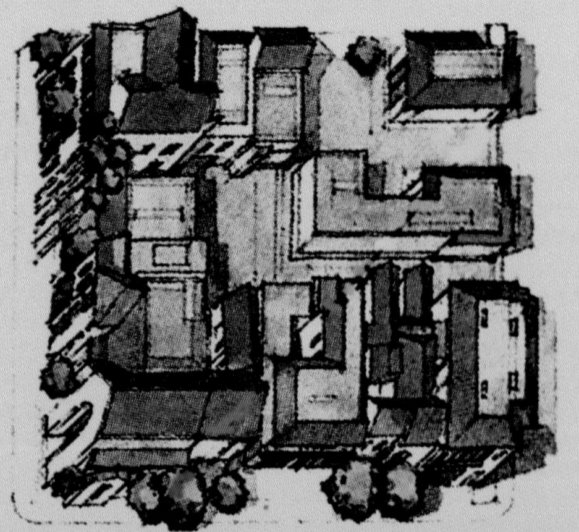

3：古老的民居院落

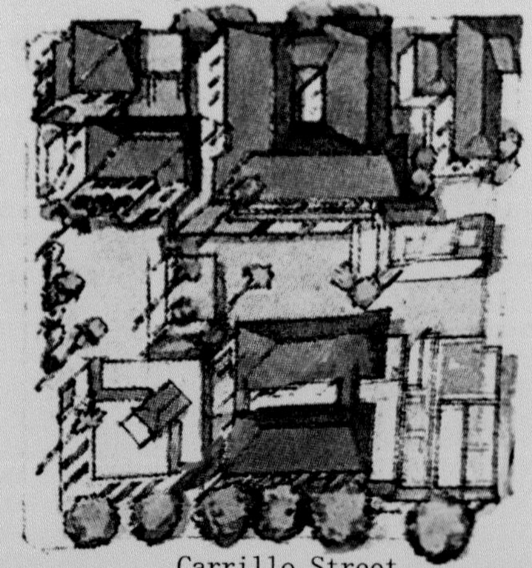

4：市民廣場上的一些建築和小空地

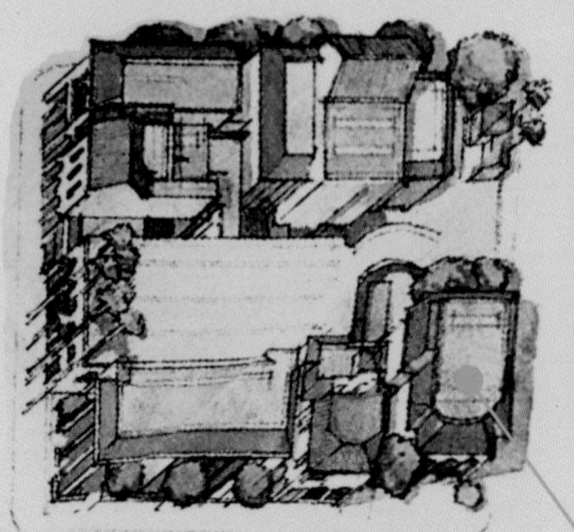

5
羅別羅劇院，該劇院建於 1924 年，旁邊是 1873 年由一位義大利音樂家主持修建的小劇場。

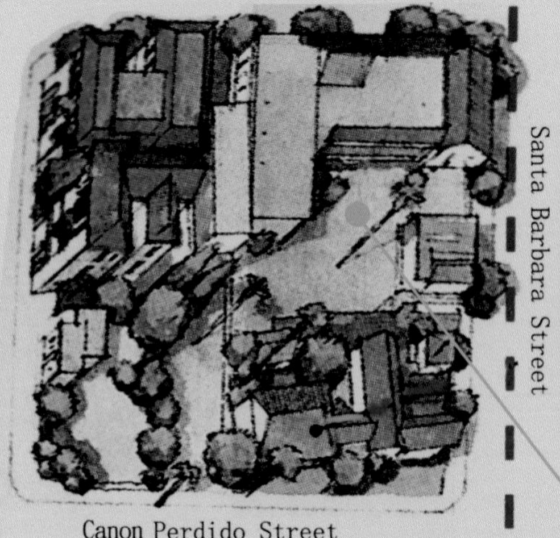

6
這是聖塔巴巴拉兵營，建於 1782 年，是當時西班牙軍隊沿著加州海岸修建的四個大兵營中的最後一座。

這裡原來是印第安人的楚瑪什部落的領地，他們零散地居住在從聖塔莫尼卡附件的馬里布一直到聖塔巴巴拉北面的聖路易斯－奧比斯科伯這條狹長的濱海地區內，河裡有魚，山上有鹿，土壤肥沃到插根樹枝都可以長出柑橘的地步，因此他們就世世代代無憂無慮地在這裡過日子，從來不考慮遷移到什麼其他地方去。歷史學家估計楚瑪什人早在西元前就開始在這裡居住了。不過他們倒也沒有什麼長進，多少年來沒有建造過什麼城鎮，也沒有發展什麼經濟，就那麼仰賴著大自然的恩賜過活。西班牙人來了，之後是墨西哥人

7：市民廣場上的一些商鋪和辦公樓宇

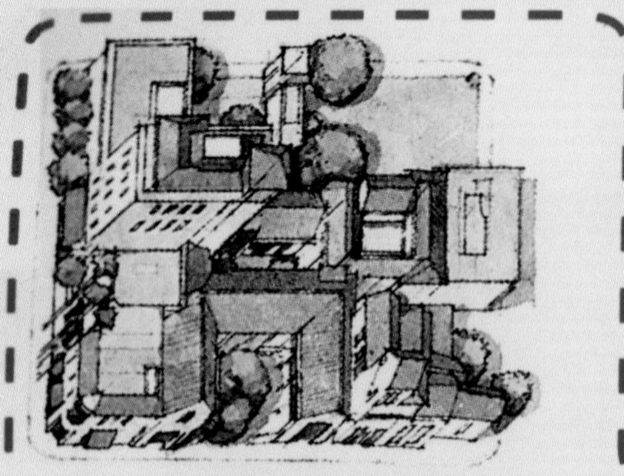

Canon Perdido Street

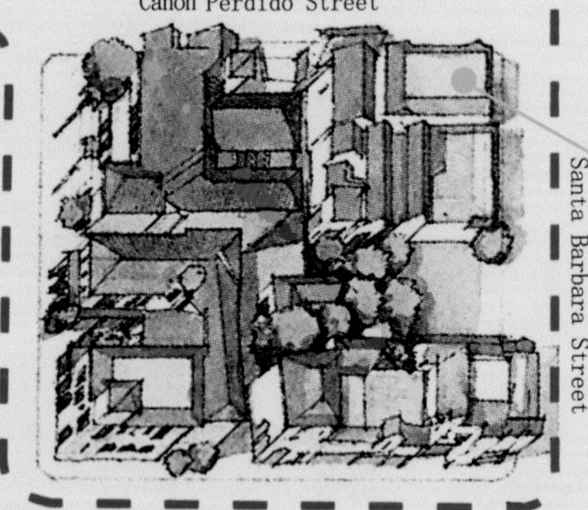

8
這是兵營街和聖塔巴巴拉街之間的一些保存完好的民居，圖中黑點處，是隨軍家屬的住房。

9：一組商業辦公樓宇

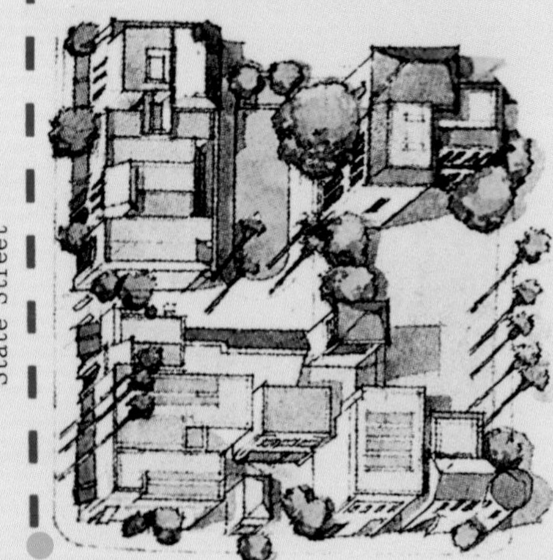

來了，最後是美國人來了，他們的好日子也就完了。

1887 年，美國人建成了從洛杉磯市中心到聖塔巴巴拉的鐵路，交通方便多了。這條鐵路是沿著太平洋海岸北上的，1901 年，鐵路通到了舊金山市，把加州兩個最大的城市——洛杉磯和舊金山聯起來了，這樣，聖塔巴巴拉就成為途中一站，來往的車輛日多，來這裡也更加容易了。

1990 年前後，我有點突發奇想，從洛杉磯坐火車去西雅圖，美國的鐵路客運是由聯邦政府所屬的「美國鐵路公司」（簡稱 Am Track）經營的，效率差，效益也不好。如果要趕時間，那就一定誤事。不過當年建造鐵路，考慮到風景因素，因此鐵路貼著太平洋沿岸風景最壯麗的懸崖走，的確很壯觀，車箱分兩層，上面是座艙，下面是行李間和酒吧，可以在那裡買東西

#10
歷史博物館，這座乾打壘的建築本身就是一個珍貴的展品。其中最具歷史價值的藏品，是一尊第 4 世紀的聖徒巴巴拉塑像。

#11
新建的購物中心，在總體規畫和建築風格上都特別注意了與整個城市風貌的協調。

喝、買三明治吃。列車中間還有一節觀光車廂，車頂和車身都是用透明的有機玻璃覆蓋的，裡面的椅子全是有靠背扶手的轉椅，乘客可以從自己的坐艙來觀光車廂看風景。這裡還有小酒吧和販賣部。火車到站，停車時間很長，有時候甚至會停上兩、三個小時，就是給大家一個逛街的機會。我記得在聖塔巴巴拉就停了個把小時，大家都去市內逛街，回來後讚不絕口，說這是一輩子看見過最有西班牙風味的城市，一輩子去過的最美麗的小城。

20世紀初期，美國人有一陣子興起健康熱，到處洗溫泉，相信溫泉浴能夠延年益壽。聖塔巴巴拉附近的蒙提西托（ Montecito）山谷裡就有個溫泉，開發商在全國報紙上大作廣告，因此吸引了好多富裕的美國人來這裡療養。一到聖塔巴巴拉，他們發現不僅僅溫泉好，城市也好得好像夢一樣，其中不少人就在這裡購房建別墅了。

這種全國性的聖塔巴巴拉熱使房地產開發商嗅到利潤的味道， 1903 年元月份，洛杉磯的一個建築承包商出身的開發商米羅·波特（ Milo Potter）跑到聖塔巴巴拉買下 36 英畝土地（每英畝約合 6 畝），波托的專長是建築豪華的酒店、旅館，他在這塊土地上按照西班牙、摩爾、地中海風格的混合形式，建造了一所外觀並不張揚，內部卻非常豪華的大酒店——波特大酒店，這是聖塔巴巴拉歷史上最大的一家酒店旅館，設有 1000 床位，還有許多非常現代的設施。酒店開張以來，全世界的富豪都蜂擁而至，聖塔巴巴拉能夠世界聞名，我想這個酒店應該也起了很大的作用。

聖塔巴巴拉在發展旅遊的同時，並沒有放棄農業。就在 1870 年代，當人們發現蒙提西托山谷中的溫泉的時候，也在那裡同時開發農場。聖塔巴巴拉這個地方雖然成了美國的領地，但是原來的墨西哥人、西班牙人依然住在那裡，基本都從事農耕。這裡土地肥沃得難以想像，氣候又好，是非常理想的農耕地點。這裡主要種植各種水果和堅果，還有花卉，經過上百年的發展，聖塔巴巴拉現在是美國西部重要的水果、花卉生產基地，這裡生產一種我們叫「牛油果」（alvacado）源自南美洲的水果，聖塔巴巴拉是全世界產量最高的地方。酷似地中海北岸氣候的條件，使這裡能夠種植地中海地區所有的水果和農作物，物產的類似，使聖塔巴巴拉更像地中海的城鎮了。19 世紀期間，聖塔巴巴拉附近建了一些水庫和灌溉設施，這裡的農業生產條件進一步改善，農業產量增長得更快了。

拱形的廊門
開放式的長廊位於博物館的前方，原為住宅，現在展現出了教會時期精彩的工藝收藏。

素有「教堂皇后」美譽的聖塔巴巴拉大教堂

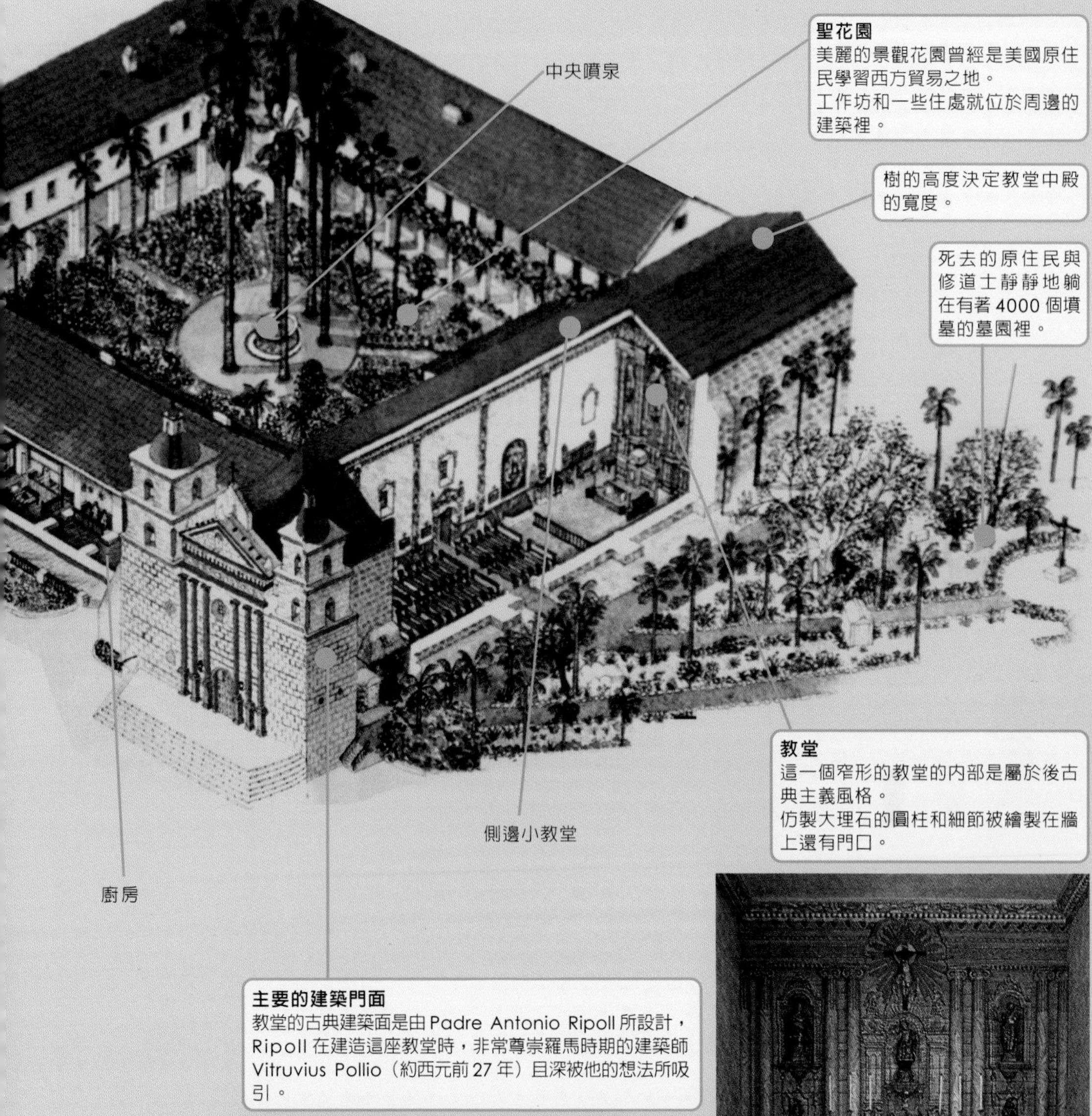

中央噴泉

聖花園
美麗的景觀花園曾經是美國原住民學習西方貿易之地。
工作坊和一些住處就位於周邊的建築裡。

樹的高度決定教堂中殿的寬度。

死去的原住民與修道士靜靜地躺在有著4000個墳墓的墓園裡。

教堂
這一個窄形的教堂的內部是屬於後古典主義風格。
仿製大理石的圓柱和細節被繪製在牆上還有門口。

側邊小教堂

廚房

主要的建築門面
教堂的古典建築面是由Padre Antonio Ripoll所設計，Ripoll在建造這座教堂時，非常尊崇羅馬時期的建築師Vitruvius Pollio（約西元前27年）且深被他的想法所吸引。

「候鳥」遷徙

美國是個幅員遼闊的國家，中西部地區、東北部地區在冬天都很寒冷，因此有好多富人就會在冬天南遷，原來多是去東南角的佛羅里達州，後來交通方便了，就大量湧進加州，聖塔巴巴拉便理所當然地成了最理想的去處：這裡離中心大城市洛杉磯不遠，卻又是個世外桃源，還有溫泉海灘等自然資源，人文氣息又很濃郁，於是聲威大震，全國聞名。這些富人候鳥般的冬季南遷風氣，在第一次世界大戰期間達到頂峰狀態。他們或者從當地居民手上租房子度假，或者就住在波特酒店、阿林頓酒店裡過冬。冬天時分的聖塔巴巴拉市內，滿大街是來自全美各地的富人，也算是一個奇觀了。

第一次世界大戰前後到 1930 年代的美國經濟大蕭條前，一些富人已經不滿足在這裡租屋住了，他們在聖塔巴巴拉購地建屋，主要集中在蒙提西托山谷地區，現在這裡還有好多豪宅，基本都是那個時期建造的。這些建屋的人，絕大部分都是企業家，他們只是在聖塔巴巴拉休養而已，並不期望在這裡做什麼生意，因此，服務行業興盛是自然的結果。

為了這些富人住房的需要，聖塔巴巴拉集中了相當數量的專精地中海風格、西班牙風格、加州風格建築類型設計的建築師，其中比較重要的有佛朗西斯．安德希爾（Francis Underhill ）、別特朗．古德修（ Bertram G. Goodhue ）和喬治．華盛頓．史密斯（George Washington Smith）等人，他們設計了數量相當可觀的西班牙風格豪宅，其中不少現在還可以在聖塔巴巴拉四處看到。

這些住在聖塔巴巴拉的富人中，慈善家數量相當多，他們不但捐錢保護城市和文化，還身體力行，參加各種文化活動。這些人對於聖塔巴巴拉的保護發揮了非常重要的作用，因為在美國，政府在這些方面的資金是很有限的，慈善團體和財團的捐款往往成為保護文物資金的關鍵。例如，聖塔巴巴拉著名的遊艇碼頭，就是曾經擔任過該市市長的瑪克斯．佛里茨曼先生於 1920 年捐資 60 萬美金建造的。位於聖塔巴巴拉城東的安德蕾．克拉克鳥類棲息地，則是該市居民郝古特．克拉克先生為了紀念愛女安德蕾，捐資興建的。

對於聖塔巴巴拉的風格，稱謂很多，較為流行的叫法是「西班牙殖民復興風格」（Spanish Colonial Revival architecture ），也有人乾脆簡稱

暮色鐘鳴下的聖塔巴巴拉市

為聖塔巴巴拉風格。這種風格，其實也有興盛和流行的具體時間。那是在1915年，加州最南部的城市聖地牙哥主辦了巴拿馬—加州國際博覽會。當時加州的館場是請聖塔巴巴拉的建築師古德修設計的，其後，他推崇的聖塔巴巴拉風格，就以「西班牙殖民復興風格」的名義大行其道，成為美國流行風格之一，聖塔巴巴拉風格也就出名了。有了這個起頭，聖塔巴巴拉的行政長官霍夫曼、蔡司等人就開始在聖塔巴巴拉推廣這個風格，並且通過立法的方式，使聖塔巴巴拉成為這種風格的中心城市。

聖塔巴巴拉很有幸保留了許多當年西班牙人在這裡建造的古老建築，其中最重要的是西班牙兵營，西班牙語叫「Presidio」、聖塔巴巴拉大教堂，還有後來按照西班牙安達魯西亞建築風格建造的一個著名的、體積比較大的商業、文化、娛樂綜合住宅，叫「華拉大宅」（ Casa de la Guerra），為數眾多的早期西班牙人、墨西哥人蓋的乾打壘住宅有一些也還保存得不錯。霍夫曼和蔡司等人，努力保護這些建築，保護整個聖塔巴巴拉市區，營造出一個風格純粹的城市。他們的努力在百年後的今天，顯得十分有遠見，十分珍貴。

市民中心

去聖塔巴巴拉，除了參觀「教堂皇后」之外，主要還是看市中心的幾個最重要的街區，因為這裡是最古老的聖塔巴巴拉發祥地。建築都有代表意義，而最近新建的大型購物中心之類新建築也在這個區域內，可以看到聖塔巴巴拉如何把新建築通過傳統形式進行演繹。

聖塔巴巴拉有三個建築群是最可貴的。第一個是市中心廣場和街道區，這是市政規畫官員伯納德·霍夫曼在 1922 年開始領導營造的，目的是建立一個市中心的市民廣場。這個小市民廣場和四邊的商鋪叫做「廣場區」，西班牙語叫「El Paseo」，就是小廣場的意思。

霍夫曼在規畫這個市民廣場的時候，心裡是想建造一個西班牙最迷人的濱海山區小鎮，他最喜歡安達魯西亞（Andalusia）的那些小村鎮，期望在聖塔巴巴拉也能夠有個這樣的鎮中心。但是，他還要考慮現代的用途，不能僅僅是個開闊的小廣場，而應該是一個商業綜合體，在這裡可以舉辦民眾活動，也同時是餐飲、娛樂、商業的中心，這個廣場、商業、文化、娛樂建築的綜合體，就叫「華拉大宅」。華拉大宅是個龐大的建築群，霍夫曼通過收

市民中心的布局基本遵循了西班牙傳統的建築格局，紅瓦白牆是其主要色調。建築高低錯落有致，廣場周圍有多條曲徑通幽的小巷。近年來擴建為城內的購物中心，面積雖然擴大了很多，但是基本上保留了原有的風韻。（上圖）

始建於 1922 年的聖塔巴巴拉市民中心——El Paseo（左圖）

購原地上的一些小乾打壘住宅、徵用空地，在設計的時候一方面新建一些仿舊建築，另一方面則把一些舊建築合併到新建築中去的兩個手法，建造了一個很完整的大建築群，把這個華拉大宅和外部的廣場結合起來，總的叫「El Paseo」，我們簡單的叫這裡為中心廣場區。

這裡是整個聖塔巴巴拉的活力中心，商業、餐飲、社區活動、書店、娛樂設施都在圍繞這這個小廣場，分佈在華拉大宅這建築群四周。氛圍特別濃

這是西班牙國王阿方索十三世於 1924 年頒給聖塔巴巴拉市政官員伯納德·霍夫曼以彩釉燒製的表揚狀，表彰霍夫曼為聖塔巴巴拉市政建設所做的貢獻，並感謝他使西班牙安達魯西亞的建築風格和文化傳統得以在南加州發揚光大。

市民廣場裡的路邊咖啡座（上左圖）

小吃店的招牌也深得西班牙色彩的精髓（上右圖）

享受一下南加州明媚的陽光（下左圖）

擺放在廣場上的不著色原木扶手椅，和紅磚鋪設的地面相當協調。（下右圖）

郁。你想看一個地道的西班牙城鎮，到這裡比到西班牙找還要方便、集中和純粹。

舊城的樂趣在於橫街窄巷，建築師詹姆斯・奧斯本・克里格（James Osborne Craig）在規畫設計聖塔巴巴拉的時候，就設計了許多窄窄的巷子，曲徑通幽，非常有趣。這些小徑窄巷把一個一個的院落、小廣場聯繫起來，在聖塔巴巴拉逛街，總能因為這些小巷使人有發現新景觀的欣喜。建築高低錯落，因此整個市鎮的天際線是很戲劇化的。建築師們都特別注意細節，鑄鐵的欄杆和街燈、路邊的裝飾陶瓷、街頭的長凳，無一不是精細設計的結果，因此整個城市就充滿了一種很純樸的藝術韻味了。

羅別羅劇院（Lobero Theater）

在聖塔巴巴拉的市中心，有一個不大的劇院，叫羅別羅劇院，體積不大，卻是加州南部的第一間歌劇院。這個劇院在 1873 年開張，當時的老闆叫胡塞．羅別羅（Jose Lobero），劇院因他而得名。劇院當年也是用乾打壘泥磚做的，冬暖夏涼，晚上在這裡看歌劇表演，出來在市民廣場喝咖啡，太平洋吹來的閒風拂面，好不自在。

1922 年該劇院被轉手賣了，本來是計畫要保存這個劇院的，但是在做了結構檢查之後，發現這個劇院的建築結構有問題，不得不重新建造。

為了保護好這個文物建築，設計任務就交給建築師喬治．華盛頓．史密斯和他的合夥人魯塔．瑪利亞．里奇斯（Lutah Maria Riggs）。為了保證重建工程能忠於歷史原貌，聖塔巴巴拉市政府還組成了一個劇院建設監督委員會，由蔡司和霍夫曼負責監督管理。這兩位是締造聖塔巴巴拉純粹西班牙風格的最重要奠基人，對聖塔巴巴拉市整體面貌的形成和保存，具有舉足輕重的地位，有他們的參與，這個劇院的改造自然不成問題。

新建築三層高，結構是現代的，但是在風格上則嚴格按照西班牙殖民復興風格設計。對稱的建築，中部是劇院和舞台，兩個對稱的翼樓是附屬設施

羅別羅劇院，佔地不大，非常緊湊和簡樸。

羅多羅劇院的內部

和休息室，裝飾上很嚴謹地吸取了歐洲古典主義的細節，但是用的很謹慎，不誇張，因此有種高雅的純粹感。我去看這個劇院，雖然是幾十年前設計和建造的，但是在風格的控制上，特別是在裝飾的控制上，其水準之高，還是大部分後現代主義作品所無法企及的。大面積米色的空白牆面，簡單樸素，與細節裝飾形成虛實對比，也很到位。

這個劇院可以說是美輪美奐。與簡樸的外部相比，裝飾的功夫主要放在室內設計上，因為是歌劇院，所以室內還是比較浪漫的，採用了西班牙、地中海地區的一些傳統裝飾特徵，更加突出的就是有意識地吸收了摩爾人的阿拉伯風格的裝飾細節，西班牙曾經被摩爾人佔領了好幾百年，因此摩爾風格是西班牙風格的一個有機組成部分，這個歷史的斷片，被恰如其分的用在這個劇院的室內裝飾上，天花板的圖案，兩邊牆面的細節，都有摩爾風格動機。特別是彩繪的天花板，非常華貴，充滿了異國情調。

因在一座小城裡，所以歌劇院並不大，一共是650個座位，但音響效果非常好。我很喜歡這種緊湊的劇院，對於那些龐然大物型的劇院，總是敬而遠之，退避三舍的。

把現代建築結構和傳統西班牙風格加以融合使用，也就是我們現在稱為聖

劇院內考究的壁燈（上左圖）

劇場牆面的裝飾細節（上右圖）

塔巴巴拉風格的這種方式，在當時還處於探索階段。有人懷疑是否能夠成功的把結構和形式結合，甚至有人擔心：如果風格上讓步給西班牙殖民形式，是否會削弱建築本身的抗地震的能力。

羅別羅劇院是在1924年8月正式開幕的，選擇的日子是西班牙狂歡節（the Old Spanish Days and Fiesta）。開幕的時候，在市中心廣場區人山人海，充滿了西班牙熱情和浪漫，從當年留下的照片來看，這是一個興奮的時日。完工不到一年，1925年這裡有一次大地震，這些建築，包括劇院都沒有任何損壞，證明當時採用的西班牙傳統風格和現代結構的結合方法，是成功的。這次大地震之後，這種方法就得到繼續和全面的推廣，成為聖塔巴巴拉建築的基本形式了。

自然史博物館（Museum of Natural History）

到聖塔巴巴拉，自然史博物館是要看的，在我來說，藏品倒還在其次，最重要的是建築的本身。

自然史博物館不是一棟單一的建築，而是一個建築群，最早於 1922 年開始建設。當時，聖塔巴巴拉有個專門搜集各種鳥類蛋的收藏家，叫羅蘭・吉布遜・哈紮德（Rowland Gibson Hazard），他在聖塔巴巴拉住了一輩子，過世後還把自己豐富的收藏送給了聖塔巴巴拉政府。為了紀念他，也為了建造一座反映當地生物歷史的博物館，聖塔巴巴拉政府就提出動議，建造一座生物博物館，地點則選擇在大自然的懷抱中，那是離開市中心接近兩公里的一個山谷裡，這裡原來有個數百年的老教堂，因此這個山谷也就被叫做「教堂山谷」（Mission Canyon），將自然博物館建造在這裡是最合適不過了。

講到教堂山谷，其實這裡最早是楚瑪什印第安部落的定居點，在聖塔巴巴拉建立之後，楚瑪什人就遷移走了。

設計一座自然史博物館，風格上絕對要是西班牙殖民復興風格的，那時請來的建築師佛羅依德・布魯斯特（Floyd Brewster），設計的有點東方感

歷經擴建的聖塔巴巴拉自然歷史博物館仍然保持著純樸的風貌

聖塔巴巴拉自然歷史博物館常舉辦各種展覽和教育活動，以介紹美國西南海岸的藏品為主。

覺：中間一個庭院，西班牙文叫 Patio ，四周環繞的是低矮的廊坊，如果不注意走過，還會以為是座民宅呢！

聖塔巴巴拉令人喜愛之處也正在這裡：無論是歌劇院還是博物館，都不張揚、低調而充滿情調，加上幾十年前種下的樹，現在好像華蓋一樣遮天蔽日，濃蔭深處有文章，在這裡走走，總有新發現，真是令人開心。

自然史博物館開幕之後，不但本地人來得多，外地人也都來參觀，原有的規模就顯然不夠大了，因此以後有過幾次擴建，但是在擴建的時候還是維持了原來低調的建築形式，沒有建高樓大廈，只是向四面延伸而已。這種擴

非常有西班牙韻味的鐵製壁燈

整體建築的簡樸，使悉心安排的裝飾細節更顯精致。（右圖）

建方法非常精彩，因為它把原來的感覺、尺度都保持得很完整。

1927 年第一次擴建，加了五個伸出去的翼廊， 1950 年代和 60 年代又兩次加建，1989 年又加建了自然史研究中心翼，1995 年加建了馬克沁斯畫廊翼，這些加建工程，完全控制在原來風格的基礎上，加上巧用地形，因此並不太感覺得到。

我對於自然史是一個絕對的門外漢，去那裡看看動植物的標本，其實也僅僅是附庸風雅。真正喜歡的還是看建築，特別是看每一期擴建的痕跡，從擴建中體會他們保護城市風格面貌的苦心。我承認：當我看到那些細緻入微的工作痕跡的時候，的確是很感動的。

聖塔巴巴拉縣法院大樓

到聖塔巴巴拉，不可不看的一個建築就是縣法院大樓。雖然這個大樓不大，主要的鐘塔也不過五層樓高，但是在當地算是一個體量比較大的建築了。

聖塔巴巴拉法院大樓也是1925年大地震之後建造的。1925年是聖塔巴巴拉的一個分界線，在那以前的建築現在還依然存在的並不多，部分存留的也大多經過大規模的修繕。目前市中心絕大部分的建築都是那次大地震之後重建和新建的，不過風格依舊。這個法院大樓就是在那以後新建的。當時市政府選擇了舊金山市的威廉・莫瑟公司（William Mooser & Company）負責設計和營造，真正負責整個建築設計、風格控制的則是洛杉磯的一位建築師叫威廉・赫斯（J. William Hershey）。

法院建築像個U形字母，圍合中間一個花園。建築這個大樓的時候，就是要在市中心建立一個地標，建立一個市中心的建築焦點，因此有比較高的

1925 年大地震後，聖塔巴巴拉縣法院大樓的重建工程由建築師威廉・莫瑟掛帥，於 1929 年完成，成為城中的視覺焦點。

聖塔巴巴拉縣法院是 1925 年大地震後重建計畫鐘的旗艦工程。聖塔巴巴拉縣法院鐘樓，高約 29 公尺，站在上面可以一直望到浩淼的太平洋湛藍的水面。四周圍以典型西班牙風格鑄鐵花紋欄杆，入口處砂石料上精細的裝飾花紋和平實低調的米白牆面，形成強烈對比。（左圖）

鐵窗前盛開的花朵（右頁下左圖）

聖塔巴巴拉縣法院的拱形入口，採用的是產自當地的紅褐色砂石。（右頁下右圖）

DIOS·NOS·DIO·LOS·CAMPOS
EL·ARTE·HVMANA·EDIFICO·CIVDADES

聖塔巴巴拉縣法院大廳的壁畫作品是由唐・薩雅・格羅斯別克創作的，描繪了聖塔巴巴拉的歷史事件。

聖塔巴巴拉縣法院內，牆面的裝飾細節採用了古摩爾人的裝飾動機。(左圖)

聖塔巴巴拉縣法院建於1926-1929年，採用許多西班牙、摩爾，以及地中海的建築和裝飾動機。法院後面有個大花園，這裡是每年8月第一個月圓之夜舉行「費依斯塔」舞會的好地方。法院後花園的天堂鳥正競相怒放。

鐘樓，與其他住宅建築採用西班牙式的平行式設計不同，這個建築更加注重它的垂直形式感，因此，能夠在整個市中心眾多的建築中脫穎而出。在建築風格上，依然採用了西班牙殖民復興風格，也就是經過在南美洲、中美洲改良過以後的西班牙風格。整座建築很簡樸，但是在重要的部位用了砂岩、鑄鐵構件來裝飾，虛實結合得很精彩。

法院內部也借用了北非摩爾人的阿拉伯風格宮殿形式，還使用了荷蘭鍍金構件，天花板也用豐富的圖案來裝飾，色彩絢麗，並且有整面牆的壁畫裝飾，顯示這裡是司法公正的地方。建築外部的平實與內部裝飾的精細形成鮮明對照。裝飾得最華貴的是法律圖書館，這裡混合使用了摩爾人風格、哥德風格、義大利文藝復興風格。壁畫主要集中在一個叫壁畫間的會議廳內，壁畫的主題是聖塔巴巴拉的歷史場面，頗為壯觀。

20年代是美國公共建築流行壁畫裝飾的時代。在舊金山市、洛杉磯、紐約、芝加哥、費城這些城市中，都能看到許多這個時期繪製的壁畫，戰後壁畫開始逐步式微，現在的公共建築上基本上再也看不見壁畫裝飾了。

比爾莫旅館（the Biltmore Hotel）

聖塔巴巴拉最早的大旅店是波特酒店，但這座酒店在 1921 年被拆除了，1925 年大地震中，剩下的一家大酒店——阿靈頓酒店（Arlington Hotel）也被毀壞，這個城市突然變得沒有什麼比較有規模的酒店，因此，市政府批准開發商建造一所新的比較大型的酒店，那就是在1927年12月開幕的比爾莫酒店。這是城裡最高級的酒店，現在屬於四季酒店集團所有，叫「聖塔巴巴拉四季比爾莫酒店」（the Four Seasons Biltmore）。

酒店靠近海邊，中間僅僅有條有高大桉樹遮蓋著的小街隔開，整個酒店是一個低矮的西班牙殖民復興風格建築群，整間旅館內有好多相連的翼房翼廊，中間有許多庭院，長滿了高大的桉樹、橡樹、加州特有的蒙特利柏樹。規畫概念是橫向延伸。建築僅僅兩層，因此非常舒適，完全沒有大酒店那種高樓聳立的壓力感，反而像自家庭院一樣舒展。整座建築完全採用紅色的瓦頂鋪設，與一般的筒瓦相比，這個旅店屋頂用的瓦更呈圓拱形，更像地中海沿岸的民宅用瓦，因此，這個酒店的建築特徵除了西班牙殖民復興風格之外，地道的地中海民宅形式也很突出。建築立面全部用手工的塗抹塗料，很富於民宅感。這個酒店鄰居就是里金納德·D·詹森（Reginald D. Johnson）的大宅，酒店建築的形式和他的住宅形式相似，因此整個區域在建築上都很和諧。自然，這個酒店建築早已被認為是地中海風格在加州演化

比爾莫旅館的內院（右頁上圖）

比爾莫旅館建築和裝飾細節之一（右頁下左圖）

旅館內通道的裝飾（右頁下右圖）

雖是聖塔巴巴拉最豪華的旅館，比爾莫旅館在外表上卻是一點也不張揚。（下圖）

比爾莫旅館內通往二樓的樓梯，鑄鐵圍欄及彩繪瓷磚，充分展現地中海風格。

的結晶，整間酒店也就成了加州風格的最具有經典意義的一個典型了。

比爾莫酒店後來曾多次擴建，應付越來越高的需求，但是在所有的擴建中，開發商都很注意保存原來的面貌，使它一直保持聖塔巴巴拉的特點。正因為如此，全世界到這裡度假的富人也都喜歡住在這裡。早上在西班牙風格的庭院裡喝咖啡，聽聽小鳥歌唱和太平洋的濤聲，享受加州的陽光，是如何的愜意啊！

花園矮牆邊的滴水泉。色彩鮮豔的釉磚彩畫散發出濃濃的地中海風味。（上左圖）

比爾莫旅館建築裝飾著鑄鐵的壁燈（上右圖）

聖塔巴巴拉的綜合風格的持續性

聖塔巴巴拉之所以成為全世界最集中體現地中海風格的名城，因素是很多的。首先是在規畫和建築上的遠見，保證了這個城市沒有因為發展而受破壞，制定了城市嚴格的規畫和建築立法，是保證風格純粹的基石。同時，對於自然條件的重視也很重要。這裡的氣候非常接近地中海的氣候特徵，每一個花草樹木都能夠為突出主題服務。聖塔巴巴拉有個非常得力的市民委員會，由一批對城市風格的保護有強烈使命感的市民自願組成，他們參與政府的論證、立法過程，把握城市發展的方向，並且對於那些違反規範的濫建行為，也能及時制止。

聖塔巴巴拉非常注意在發展中不貪大求新，比如聖塔巴巴拉有個很漂亮的小小的海港，風景如畫，這個城市保持了這個小小的海港，使之成為風景區，而不盲目學習臨近的洛杉磯建造巨型大港口，以避免使城市的整個織體遭受破壞。這裡土壤肥沃，本來是可以大規模發展農業的，但是為了生態平衡的目的，這裡除了果樹種植之外，從來沒有允許過發展大農業，城市的建設立足於小型化的社區上，以非商業化為基調。一些外面來的人老拿聖塔巴巴拉與其他旅遊城市相比，批評這裡的商業設施不足。例如，這裡的海濱，

聖塔巴巴拉城東的安德蕾．克拉克鳥類棲息地，為生活在這裡的鳥類或遷徒途中經過這裡的候鳥提供一個清澈的湖泊和寧靜的樹林。這是郝古特．克拉克先生為了紀念他的愛妻安德蕾，捐資興辦的。（上圖）

聖塔巴巴拉的遊艇碼頭。這是瑪克斯．佛里茨先生 1920 年代捐資 60 萬美金修建的。佛里茨先生後來曾經當選過該市的市長，他對聖塔巴巴拉市公共項目和老教堂的鼎力資助成為該市歷史的一段傳奇。（下圖）

美麗的聖塔巴巴拉海灣（上圖）
落日餘暉灑落在聖塔巴巴拉海邊（下圖）

ARTS COMPLEX
CINEMAS
DIRECTORY

商店很少，餐館不多，雖顯得格外自然，但卻與舊金山漁人碼頭的熙熙攘攘大相逕庭。於是不明白：為什麼每天有這麼多遊客，卻不發展多一點商業？其實，如果你知道這個城市的規畫和發展宗旨中的非商業性的小型城市這一條，就明白他們的苦心了。

聖塔巴巴拉在最近也有所發展，但是任何發展都處在總體規畫的嚴格控制下，保證一個風景如畫的博物館品質，而不是把它建造成一個海濱的巨型購物中心、度假勝地。這個分寸把握得好，才有今日的聖塔巴巴拉。

聖塔巴巴拉市內的購物中心，建築風格和體量、色彩、材料和環境布局，都和城市的整體面貌協調。（上左圖）

新建購物中心裡，小廣場上擺放著不刷漆的原木長椅，本色的陶花盆，加上無釉紅磚鋪設的地面，構成一個非常聖塔巴巴拉的小天地。（上圖）

新的購物中心裡，也設計了一些彎曲小巷，處處可見綠籬攀援而上，綠化變得立體，小巷更顯活力。（左五圖）

bebe
ARTS COMPLEX
CINEMA

聖塔巴巴拉商店街一景（上圖）

聖塔巴巴拉路旁的咖啡店（下左圖）

聖塔巴巴拉路邊樹蔭下的原木長椅，讓過往的旅人得以歇息片刻。（下右圖）

聖塔巴巴拉商店街一景，遊客們正從容的享受著聖塔巴巴拉午後的陽光。（左頁圖）

04 Spanish Mexican Adobe Houses 西班牙

—墨西哥民俗風格乾打壘建築

聖塔巴巴拉有許多乾打壘建築，所謂「乾打壘」，就是用太陽曬乾的泥磚建造的民宅，這是西班牙人在地中海地區經常採用的一種民居建築形式，也是西班牙人到了墨西哥之後最常用的一種建築類型，英語叫「Spanish-Mexican Vernacular Adobes」。其中「Adobes」就是泥磚，就是乾打壘。這類建築是本地最古老的建築群，大部分受到地震破壞，現存的基本都是修復過的，甚至是重建的。

這座乾打壘建築完成於 1788 年，是西班牙兵營（Presdio）的一部分。曾經當作隨軍家屬宿舍，士官的漆女們曾在這院子裡洗衣煮飯，餵養小家禽。這種存留至今的古老乾打壘建築在聖塔巴巴拉已經為數不多了。（右圖）

聖塔巴巴拉歷史協會位於老城區邊緣，建屋所用的 7 萬塊乾打壘泥磚，全部就地取材，利用原地的泥土製成。該建築上共用 16000 塊紅瓦，以及 12000 塊地磚，則全部是在墨西哥的鄉村裡用手工製作厚運到這裡到。（右下圖）

乾打壘結構環繞著可愛的小院子（左頁圖）

Welcome to
El Cuartel
The Oldest Residence

華拉大宅（Casa de la Guerra）

華拉大宅是1818年建造的，用了近十年的時間，到1827年才建成，是聖塔巴巴拉最典型的乾打壘風格建築群。這個建築群正對著華拉廣場（the Plaza de la Guerra），是聖塔巴巴拉的市民中心。

華拉大宅是聖塔巴巴拉最早的大宅院。西班牙在這裡開始建立定居點的時候，就建造了這個乾打壘的大宅院，因此，這個建築物具有很重要的歷史意義，因為它是非常純粹的西班牙早期殖民地建築風格的典型，這樣的建築現在存世不多了。這個建築一直受到文物法的保護，由聖塔巴巴拉歷史文物基金會出資不斷修繕，保存得非常完好。

我們目前去參觀的這個大宅院是在1818至1927年期間修建的，當時是本地一個名叫胡塞・德・拉・華拉的富人的住宅。華拉是聖塔巴巴拉教會的第五代傳人，在當地很有勢力，也很有影響力，左右聖塔巴巴拉當地政治達30年之久。因為他的地位，所以他的住宅也就成了聖塔巴巴拉那個時期的社會、文化活動中心，可以說他在世的時候，這裡派對不斷。因為當時並沒有公共活動中心，這裡就成了非正規性的社交活動場所了。查查聖塔巴巴拉的歷史就會發現，19 世紀幾乎所有的重大活動和慶典都是在這裡舉行的。

這是聖塔巴巴拉西班牙兵營守門官何塞・瓦連祖拉和他的家人住過的乾打壘小宅，建於1846年，現在被列為該市的文物保護地點之一。（左頁上圖）

聖塔巴巴拉布魯克攝影學院校舍。這裡原是一位底特律商人的住宅，後輾轉成為該校的行政中心。這所攝影學院在聖塔巴巴拉市內還有其他兩個校區，面積都不大。（左頁下圖）

華拉大宅（下圖）

純粹西班牙早期殖民地建築風格的典型——華拉大宅

華拉大宅院子一角（左圖）

華拉大宅雖然經過多次修復，但由於施工技藝和建築材料都嚴格承襲傳統方式，使這座難得一見的乾打壘大型居屋仍能完整地保存原來的面目。（左上圖）

筒瓦、石基、鑄鐵扶手，點點滴滴都閃耀著歷史的光輝。（左下圖）

厚實的牆壁、簡樸的木門、手刷白粉的牆面，都是早期西班牙乾打壘建築的主要特徵。（右圖）

華拉去世之後，這個大宅院一直屬於華拉家族所有。直到 1922 年，聖塔巴巴拉規畫負責人伯納德・霍夫曼夫婦把這個大宅院與臨近的西班牙殖民復興風格的商業中心「El Paseo」（西班牙語，小廣場的意思）併在一起，使之成為市中心，完全對民眾開放。當時還是以出租的方式租給商業單位使用，後來整個廣場和華拉大宅院全部歸由聖塔巴巴拉歷史文物保護基金會所有，作為文物保存。

我去那裡參觀的時候，遇到基金會的主席傑利・傑克曼博士（Dr. Jarrell Jackman），他說這個大宅院是全美國目前最完整、最大型的西班牙時期留

華拉大宅的鄰街建築（右圖）

新建的樓房，仍盡量保持和華拉大宅的某種協調性。（下右圖）

起居室是大宅的中心，重要的客人會在這裡受到良好的接待。這是起居室前的迴廊。（左頁上左圖）

乾打壘建築的牆壁，砌在石塊鋪設的地基上。（左頁上右圖）

迴廊上方方正正的粗大磚砌立柱，很有西班牙早期殖民風格點。迴廊上的棚頂，是用一根根的樹幹支撐的。（左頁下左圖）

院子裡乾草屑的泥地上停放著老式木製拖車，將訪客帶回歷史的走廊。（左頁下右圖）

下來的乾打壘建築群，因此文物價值極高。基金會聘用了好多學者、修復工作者精細修復這個建築，使它處於幾乎和原來一樣的狀況，工作的細緻程度，實在令人感到震驚。

華拉大宅現在是對公衆開放的博物館，裡面還有聖塔巴巴拉歷史和文化的陳列，這裡也是整個聖塔巴巴拉的焦點，大凡有慶典活動，特別是紀念城市歷史的活動，都會在大宅對面的華拉廣場舉行。每逢節日，這裡就再一次沉浸在昔日的光彩之中。

退隱居——「勒斯卡拉・都」住宅（L'Escala Dieu）

我翻譯為「退隱居」的「勒斯卡拉・都」住宅是存世不多的幾棟聖塔巴巴拉乾打壘住宅之一。與華拉大宅相比，它的建造時間晚得多。這棟依山面海的低調住宅，是在 1940 年建造的。所謂「勒斯卡拉・都」是聖經中描述的人們走向天國的途中休息處，也含有中國人講的退隱地之意。這是美國版的「採菊東籬下，悠然見南山」的體現。

這棟大宅院，原來是一為名叫色拉（Serah）的音樂家建造的，她是一位多產的作曲家，經常要到歐洲出差，因此在這裡建造了這間隱密住宅，就是給自己一個休息、完全放鬆的環境，所以，從設計開始，她就非常強調隱私性和自然景觀的豐富。因為這個大宅院建在山坡上，因此在設計時特別凸顯西班牙形式的大牧場風格。大牧場在西班牙語中叫「哈先達」（hacieda），

退隱居主宅的一個增添部分——整個建築是泥磚乾打壘和木頭結構的組合，特別強調橫向的感覺。

花園裡的階梯也是用石塊和泥磚鋪就，保持天然的韻味。

這就是一個哈先達形式的宅院。低矮，寬敞，強調橫向的建築感覺，而弱化縱向的構造，因此和地面的植被幾乎融為一體，行走其中，是會感到非常舒暢的。其實，這個建築並非全部都僅為一層，不過因為它在設計的時候依山勢而走，使層次感減弱了，所以突出了橫行的低矮形式，顯得更加自然。

整個建築是泥磚乾打壘和木頭結構的組合，就好像色拉的歌曲作品一樣，新舊交錯，非常豐富。建築外部非常簡樸，具有中性特點，因而很容易與周邊的環境和建築融合起來。室內相對比較華貴，因為住宅的主人經常去歐洲旅行，帶回不少歐洲的、中亞的裝飾工藝品，點綴室內，琳琅滿目。我

從通向二樓的樓梯上看起居室（右圖）

雖然結構和材料採用傳統的民居方式，但是室內的擺設不論是掛在牆上的印象派繪畫原作，或是地上鋪的波斯手織地毯，都是真正的古董。空調則隱蔽地裝在洗手間的入口上面。（左頁圖）

看見牆上有中東的掛毯，室內有來自非洲的各種木雕，使得室內具有藝術博物館的感覺。

色拉喜歡歷史感，她參考了聖塔巴巴拉其他一些豪宅的設計，把它們的園林、室內、景觀設計都借鑒過來，使自己的大宅院更加豐富多彩。

色拉是請當地一個專門設計乾打壘建築的專家肯·魯茲（Ken Ruiz）負責設計這棟豪宅的。他們努力使這棟建築完全呈現出歷史感來，在材料使用、色彩應用方面，都達到與 18 世紀的西班牙殖民風格建築相似的惟妙惟肖的水平，使整棟建築具有濃厚的歷史沉澱感。

這個大宅的室內則是走歐洲文藝復興、法國浪漫主義風格一路的，與建築本身有差別，設計負責人是本地的室內設計師赫倫·奧芒（Helene Aumont），她是在巴黎學習室內設計的，所以在設計的時候，把不同的房間設計成為巴黎不同省的風格，饒有趣味。這種多元化的設計，一方面因為基於法國風格而一致，同時也因為吸取不同法國省份的風格設計不同的房間而呈現出多元性格，是這個大宅吸引人的地方。

退隱居是一個很令人神往的住所，也是聖塔巴巴拉最傑出的豪宅之一。

05 Italian Style Villas in Montecito

蒙特西托山谷的義大利風格豪宅

聖塔巴巴拉的建築一部分是典型西班牙殖民復興風格形式的，特別是以我們上面提到的這兩棟乾打壘結構的豪宅最具有典型性，而另外一部分建築，也是和地中海風格有關，但是並不走西班牙殖民風格的路，而是從義大利文藝復興那裡找尋形式特徵，這部分建築主要集中在有溫泉的的蒙特西托山谷的衆多豪宅中。

皮蘭赫斯特住宅（Piranhurst）

皮蘭赫斯特住宅是一座很龐大的豪宅，建於 1916 年。

1916 年前後，地中海風格開始在美國流行，除了西班牙人帶來的地中海風格，特別是西班牙殖民復興風格之外，比較流行的是地中海沿海地區的義大利風格。與西班牙殖民風格相比，義大利風格更多注重古典比例和裝飾，也更加豪華，更具規模，西班牙風格比較大衆化，也更自然一些。

20世紀初，有不少富裕的美國人到聖塔巴巴拉建造自己的別墅，其中有

蒙特西托山谷的豪宅之一，其中的造型、材料、色彩、植被……每一個細節都有不可忽略的意義。（左頁圖）

風景如畫的蒙特西托山谷中，有一幢宮殿似的皮蘭赫斯特住宅。（下圖）

從山下的車道直抵花園的入口，首先見到的是一座攀滿綠籬的鑄鐵雕花大門。

被稱為「風景劇院」的皮蘭赫斯特住宅靠近聖塔巴巴拉山脈，前面是一片開闊的花園綠地。（左頁上圖）

始建於 1916 年的皮蘭赫斯特住宅，採用了典雅的義大利文藝復興風格。（左頁下圖）

對非常富有的舊金山地產商夫婦，叫亨利・波辛（Henry Bothin）和夫人艾倫・查波特（Ellen Chabot），他們來這裡選擇了一塊位於溫泉附近的地，請建築師來設計，並且指明要義大利文藝復興風格。這塊地的位置就在風景如畫的蒙特西托山谷中。

之所以叫這棟豪宅為皮蘭赫斯特，是出自 15 世紀一個因為開採鋅礦而出名的聖徒聖皮蘭（St. Piran），這裡原來有棟宅院，建於 1901 年，屬於丹尼・里查森（Daniel Richardson）所有。里查森的最大貢獻，是在屋前留出了一大片草地和花園，建築背山面海，門前是幾畝的花園，氣勢萬千，實在是蒙特西托山谷中景色最美麗的住宅。這間宅邸前面的花園十分美輪美奐，被人們稱為「風景劇院」（landscape theater）。他自己設計了義大利文藝復興式樣的花園，對稱幾何佈局，很典雅，也很高貴，與西班牙殖民風格的那種率性而為的做法形成鮮明對照。

波辛是在 1910 年買下這棟住宅和花園的，他請來紐約建築師 E・加文・哈德遜（E. Garvin Hudson）設計住宅，特別要求設計成很典雅的義大

義大利文藝復興風格的室内裝飾，枝型吊燈，木質護牆板，精細的牆頂裝飾線等，雍容華貴的氛圍油然而生。（上圖）
以壁爐為中心陳設的家庭起居室（下圖）

以晶瑩的水晶吊燈作為視覺中心的正式餐廳。（上圖）

氣勢非凡的日光客廳，面對著開闊的園林，蔥蘢的樹木，是娛樂賓客的絕佳場所。（上左圖）

利文藝復興式樣。哈德遜當時在洛杉磯為其他富人設計了一些文藝復興風格的豪宅，在當地很有名氣，因此被選中負責設計。

這棟堂皇的豪宅一共有二十多間房間，寬大開朗，雍容華貴。從山下看去，巍峨得好像座宮殿一樣。為了達到原汁原味的義大利文藝復興感，設計的時候就從義大利買了不少雕塑放置在花園各處，加上華蓋一樣的樹林遮掩，面對太平洋的前面的開敞草地和花園，坐在那裡，簡直有點不知身處何方的感覺。

這棟住宅的總面積在波辛手上繼續擴大，最後達到185英畝左右，可是一大片森林和花園啊。他除了把住宅改造為一棟名副其實的義大利文藝復興風格的豪宅之外，還在園林上下了很大功夫，比如增加了噴泉，開山建造了露天劇院，在山邊還建造了一棟精巧的茶屋。因為是義大利文藝復興風格的園林，因此整個園林都修剪得很齊整，是一個很典型的歐洲經典園林。當然，考慮到加州的氣候特點，也從適應本地氣候條件出發，在植物品種上做了一些調整，使園林更加茂盛蔥蘢。

這棟豪宅現在屬於辛姆斯夫婦（Harold and Annette Simmons）所有，他們也極為喜歡園林和華貴的住宅，因此在這個住宅上進一步下功夫，特別把室內完全改造為巴黎的文藝復興風格。與義大利文藝復興風格比較，法國的更加豐富，更加講究堂皇效果。說這裡是宮殿，一點也不誇張。

雲中居（Ca'di Sopra）

聖塔巴巴拉的山坡上，到處都是精彩的住宅，其中有棟我非常喜歡的住宅，叫「雲中居」，西班牙語是「Ca'di Sopra」。這棟豪宅是在 1914 年到 1916 年期間建造的，主人是芝加哥著名的大企業家羅伯特・麥克岡（Robert G. McGann），他請了當時設計義大利文藝復興住宅最負盛名的大師蓋・羅維（Guy Lowell）來設計。這位建築師主要設計公共建築，而且都是那種宏大的紀念性建築，他完成不久的作品是波士頓藝術博物館，這個博物館現在還屹立在那裡，是美國最傑出的博物館之一。羅維畢業於麻省理工學院，之後又在巴黎的皇家美術學院深造，對傳統建築有很深刻的理解、很準確的把握，找他來做，自然是順理成章的事情了。

建於 1918 年的「雲中居」，是當時的建築設計和園林設計名師蓋・羅維的大手筆。

面海靠山的「雲中居」（右圖）

屋主在宅旁加建的一條沿山而下的階梯走道，直達 100 多公尺下的峽谷。（右下圖）

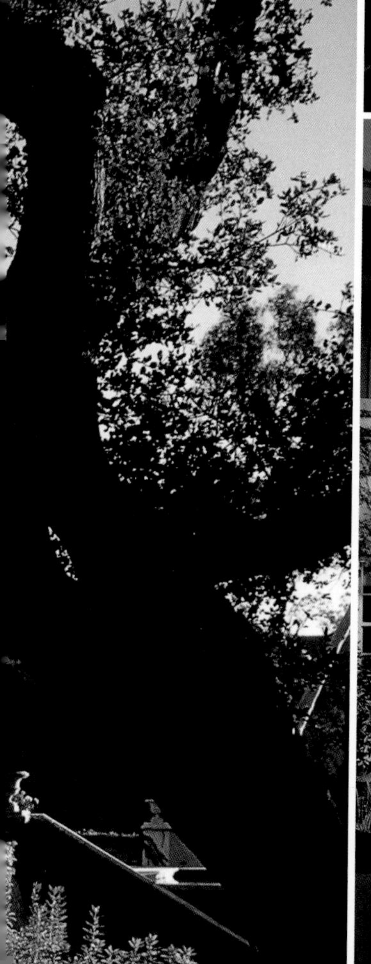

羅伯特・伍爾夫於1990年代購下這棟豪宅，在南立面加建了左右對稱的樓梯，由園中的水池直達二樓客廳，更強化了貴族府第的氣氛。

「雲中居」是羅維在整個美國西部設計過的唯一的一棟住宅建築，是一棟充滿了義大利文藝復興情調的豪宅，面對大海，位置就在聖塔巴巴拉的蒙特西托山谷中。整個建築的焦點是入口的中庭，外國人叫中庭空間為「atrium」，整個建築是按照義大利文藝復興時期的鄉村風格來設計的，比較低調，但是很有品味。設計師和業主都希望能夠在這個設計上體現剛剛發現不久的義大利城市龐貝的氣質，在整個設計過程中，這種尋舊的心理是很強的。在質材使用上，也儘量和義大利文藝復興時期接近。大理石是從義大利進口的，四面也設計有義大利文藝復興風格的花園和景觀，地板圖案、柱頭的形式也很嚴謹地仿效義大利文藝復興風格。總之，走進這棟建築感覺就像是走進一間地中海邊上的義大利豪宅。

設計師羅維對這棟建築是很引以為傲的，在他日後出版的不少介紹自己作品的著作中，總是將這棟住宅列入，而且以比較多的篇幅來介紹。羅維不單是當時在美國設計義大利文藝復興風格的高手，同時也是義大利園林設計

深牆淺頂，加上色彩跳脫的地毯，給這間古色古香的正式餐廳增添了活力。牆上的鎦金鏡子，和彩碟、瓷器，都是伍爾夫本人收藏的古董。

的專家，「雲中居」的建築和園林設計都由他來主持，這個作品就相當有分量了。

這棟如此純粹的依山面海的義大利風格豪宅，一直是聖塔巴巴拉人民的驕傲，因此他們感覺到僅僅以乾打壘形式的西班牙住宅為中心不足以形成建築的多元化形式。他們當然不希望有現代主義的作品來破壞他們的城市的文脈，但是義大利文藝復興式樣則首先是地中海風格的，與西班牙風格、西班牙殖民復興風格、以及後來衍生出來的墨西哥風格、加州風格同出一源，因此少數應用義大利文藝復興風格，能夠豐富城市的形象，使之更加具有文化內涵。

起居室的設計採用了一些法國巴洛克風格的元素。背面牆上的中國屏風，更添加一縷東方的色彩，這也是在法國文藝復興時期常用的裝飾手法。

1990年代，「雲中居」被建築設計家羅伯特・伍爾夫（Robert K. Woolf）買下，他在聖塔巴巴拉已經成功的改造和擴建過幾個風格精彩的豪宅，都能夠使這些住宅的原有風格得到很好的保護，同時擴大的使用空間。他在買下這棟如此出名的義大利文藝復興住宅之後，的確下了好多功夫考慮如何改造它，使它的功能和形式都能夠更加精彩。他和來自比佛利山的一個建築師一起合作，首先在主要室內加上法國文藝復興和浪漫主義的元素，使室內更顯輝煌和考究，克服了義大利文藝復興比較樸素的局限；在中央大廳多加一扇門，從而使室內人流方便得多；又在面對太平洋的門口建造曲折的樓道，可以直接從客廳中庭走到望海的大草坪上去。他在建築的南立面加建了兩道左右對稱的轉角樓梯，不但有功能上的意義，在形式上也更顯氣派，

庭院中敞開式的半圓形水池，周圍飾以羅馬列柱，盡顯大家氣派。

很像文藝復興時期講究的貴族府第。

這棟住宅的室內裝飾甚為華貴，主要汲取了法國文藝復興、巴洛克時期的一些裝飾風格。美輪美奐，雍容華貴，是業主的期望。在這方面，羅維的功力是遊刃有餘的。門外的游泳池，仿羅馬庭院中的水池形式，呈半圓形，且邊緣不完全封閉。兩側用兩段弧形矮緣包邊，其上列有羅馬柱式，而將圓形的頂部完全敞開，讓池水平平漫過。坐在池畔的迴廊上，順著池水遠眺，就能感受到天水相連，水天一色的意境。這種手法，早就在羅馬時期的貴族宅院中就出現過。復古到這樣精細的地步，在這個地區也不多見。

羅曼居（Roman Pavilion, poolhouse of Arcady）

「羅曼居」按照它原來的名稱，應該稱為「羅馬居」，這裡泳池、噴泉多，因此當地人也叫它「泳池居」（poolhouse of Arcady,）這是聖塔巴巴拉蒙提西托山谷中最具有歷史韻味的一間豪宅。這棟宅邸最早在 1892 年興建，建造人是理查·懷特赫德（Richard Radcliffe Whiteheads）。雖然大部分人都沒有聽說過懷特赫德，但是如果講到英國工藝美術運動的精神領袖約翰·羅斯金（John Ruskin）卻無人不知的，而羅斯金的研究經費就是由懷特赫德資助的。懷特赫德既是開發商，非常富有，同時也是藝術贊助人，他在紐約建立了自己的藝術家村——伍茲塔克，這個伍茲塔克後來成了

羅曼居的花園曾在上個世紀的頭20年裡享譽全美國。

羅曼居，是聖塔巴巴拉蒙特西托山谷中最具有歷史韻味的一所豪宅。（左頁上圖）

羅曼居不但有室外噴泉，水池，還有一個室內的溫水泳池，一個大型舞廳及附屬更衣室，極盡豪華。（左頁下圖）

1960年代和1999年兩次全世界最大規模的搖滾音樂大會演的場地，名氣大得不得了。懷特赫德也是最早啓用蒙特西托這個地方的水源的人，他建造了1000英尺長的水管，把溫泉水引出作為療養用。懷特赫德在這塊地上建了一棟很有義大利文藝復興式樣特點的豪宅，在當時的聖塔巴巴拉，算是首屈一指的豪宅了。

1911年，聖塔巴巴拉一個慈善家、企業家喬治・歐文・納普（George Owen Knapp）買下了這棟住宅和這塊地，當時面積約為70英畝。後來他又收購了鄰近的土地，使總面積達到148英畝。納普決心在懷特赫德的原有基礎上，改建出一棟更加有品味、更加代表聖塔巴巴拉生活情趣和歷史傳統的新建築來。他沒有拆毀原來的住宅建築，也沒有破壞原有的文藝復興式的

羅曼居豪宅的主要入口（左圖）

巨大的天窗和漂亮的拼木地板，是圖書館中最令人矚目之設計。（右頁上圖）

巨大的落地窗，將戶外花園的美麗景色直接引入餐廳。（右頁下圖）

花園，只是在原來的基礎上加以改善，使整個豪宅區變得更具藝術魅力。他特別集中改造的是減少園林設計中人為的痕跡，更加突出自然感，這一做法使整個住宅的景觀水平大大提高了。他從世界各地進口了多種不同的植物栽種在這裡，現在這個花園的植物種類多達397種。而因為花園是在山坡上，所以他聘用了幾個不同的景觀設計師來設計上花園，下花園，和階梯花園，使每一座花園都有不同的風格。住宅四周就如一個園藝博物館那麼豐富。

納普喜歡比較簡潔的室內風格，因此，雖然還是以義大利文藝復興風格為主設計，但是很清淡，很簡練。納普喜歡陽光，在天頂上加開了一些天窗，加強了室內的採光，所以他的這個住宅內部就顯得非常明亮而輕盈。新古典主義風格的走廊，各個不同時代的家具，還有好多傳統藝術收藏品的展示，使這個家就好像一個博物館一樣吸引人。

這棟住宅後來又幾度轉手，但是每一任新的業主都很注重保護，沒有大規模的改動住宅原來的風貌。由於這種連續的傳承，保養、修繕和發展，才使聖塔巴巴拉得以擁有這樣一棟講究的豪宅和美麗的花園。

赫列羅大宅（Casa del Herrero）

1920 年代是西班牙殖民風格復興、地中海風格復興的時代，當時不少新貴遷到聖塔巴巴拉，他們倦怠了義大利文藝復興形式，而對更舊一些的西班牙殖民地復興風格、對地中海復興風格感到興趣，因此，從這個時期開始，聖塔巴巴拉出現了許多這一類的新豪宅。其中最具有代表性就是赫列羅大宅。

這棟大宅建於 1922 至 1926 年期間，所謂赫列羅住宅，是西班牙語中「鐵匠之家」的俗稱，這棟豪宅，是喬治‧華盛頓‧史密斯設計的幾棟西班牙風格豪宅中保存得最好、水準最高、風格最豪華的一棟。動手設計這棟住宅的時候，史密斯很注意學習西班牙南部的豪宅風格，特別是西班牙安達魯西亞風格的住宅特點，他決心要把這棟宅邸做成最經典的西班牙殖民復興風格的大宅，並且用精緻的摩爾人的阿拉伯風格裝飾室內。經過他多年的悉心經營，這間宅邸的確成為了整個聖塔巴巴拉最傑出的西班牙風格住宅。

1922-25 年建成的赫列羅大宅

赫列羅大宅（上圖）

廚房外面是 19 世紀西班牙風格的藥草園。磚砌的長凳上用鮮豔的彩釉磚貼面和裝飾。（下左圖）

赫列羅大宅的建築和園林設計中採用了不少摩爾風格的動機和細節。（下右圖）

這間宅邸早年是屬於喬治．富克斯．斯特里特曼（George Fox Streedman）所有，這個人對西班牙古董、室內設計都很感興趣，花了不少時間蒐集古董和藝術品。他退休的時候，正值聖塔巴巴拉的西班牙殖民復興風格最風行的時期，他聘用了當地資歷最深的這種風格的建築設計師史密斯來幫他重新設計自己的住宅，還委託了兩個住在西班牙的美國古董商在西

從主臥室眺望花園中圖案精美的彩釉磚裝點的滴水泉。（右圖）

不少手工製作的鑄鐵工藝品是直接從西班牙買回來的，有些則是在當地仿製的。（右下圖）

精緻的陶瓷門飾美不勝收。（左頁上左圖）

後牆深門，使光和影也起了重要的裝飾效果。（左頁上右圖）

手工製作的鑄鐵壁燈（左頁下左圖）

白色的手刷牆面使得牆面上的鑄鐵工藝品和其他裝飾細節更顯突出。（左頁下右圖）

班牙幫他收購各種有藝術、歷史價值的古董，斯特里特曼本人還親自和幾個對西班牙殖民復興風格情有獨鍾的美國富商去西班牙瞭解那裡的建築風格。最讓他們迷戀的是安達魯西亞地區的建築，那裡的小城鎮充滿了一種濃郁的神話氣息，使他們著迷，因此更加決心在聖塔巴巴拉建造這樣的住宅和花園。他們對突尼西亞的手工藝品也非常喜歡，因此又在那裡收購了大量的精美工藝品，運回聖塔巴巴拉做室內裝飾品。特別是突尼西亞生產的建築瓷磚，在赫列羅大宅中到處都可以看到，這批瓷磚就是 20 年代從北非採購過

宅中主入口的樓梯間。樓梯口陳列的古董漆木小櫃，牆腳和樓梯踏步都飾有花紋美麗的彩釉瓷磚，右邊的拼木大門內室餐廳。

主臥室防角的壁爐簡直像件精美的工藝品。（右頁上圖）

洗手台上鋪設的瓷磚花紋精緻，色彩鮮明。彩釉磚的廣泛應用飾西班牙手法之一。（右頁下圖）

起居室的家具色彩豐富，材質多樣。室內陳設鐵、木、石、磚兼用，也很有地中海風格的特色。

來的。西班牙政府後來發現美國佬在西班牙各地大肆蒐集傳統工藝品，因此在 1926 年明文禁止出口這類工藝品。但是斯特里特曼早已經把自己看中的工藝品、建材全部運到聖塔巴巴拉，隨史密斯選用了。

除了設計一棟純粹的安達魯西亞風格的豪宅之外，斯特里特曼還聘用了兩位聖塔巴巴拉當地最傑出的景觀設計師洛克伍德・佛列斯特（Lockwood de Forest）和拉爾夫・斯蒂文思（Ralph T. Stevens）負責景觀和園林設計，他還雇用了園藝專家幫他設計各種植物的佈局，建造灌溉系統。 1920 年代，聖塔巴巴拉完全沉浸在西班牙殖民復興風格熱當中。根據記載，當時不少人建造了西班牙風格的庭院，但是迄今還存在、並且保存得最為完整的，大約就算赫列羅大宅這個庭院了。到聖塔巴巴拉，要瞭解 20 年代興盛的風格，赫列羅大宅的確是非來看看不可。

如同西班牙園林，特別是安達魯西亞園林一樣，園林內部是有水系的。噴泉系統是園林裝飾的焦點，這裡也延續了安達魯西亞園林的噴泉設計方法，採用阿拉伯人的摩爾風格設計。幾何形式的噴泉，用水槽形成的園林軸線，花草植物，特別是灌木叢都修剪成幾何形狀，這些都是西班牙風格園林很常使用的方法。當然，考慮到加州的特點，這裡還種植了許多當地特有的

斯特里特曼那怡人舒適的私人圖書館，位於客廳長廊的底端，猶如一個令人驚艷的寶石。它是建築師Lutah Maria Riggs 所設計的哥德式復興樣式，是後來才增建的。

樹木，比如柑橘、牛油果、檸檬樹等等。這些加州的果樹為整個園林添加了加州情調，很是精彩。

赫列羅大宅背山面海，氣勢萬千，又有如此精美的建築和園林，是聖塔巴巴拉建築的一顆明珠。

為了讓公眾能夠享受這樣美麗曼妙的園林和建築景觀，擁有這棟大宅的斯特里特曼和巴斯家族把這個大宅捐給赫列羅基金會，作為一個非營利性的博物館對外開放。現在去聖塔巴巴拉的人，都能有機會在那裡走走，享受陽光和海洋的壯麗，欣賞西班牙安達魯西亞建築和園林的精緻了。

米拉瓦大宅（Miraval）

聖塔巴巴拉的許多豪宅都是在 1920 年代前後在以溫泉出名的蒙特西托山谷建造的，上面說到的赫列羅大宅是一個例子。另外還有一棟也是既豪華又有品味的大宅，建造時間也相差不遠，那就是米拉瓦大宅。西班牙文中的「米拉瓦」意思是「山谷美景」，很有詩意。它的設計師也是上面提到的那位西班牙風格大師喬治・華盛頓・史密斯，這是他在聖塔巴巴拉設計的第四棟西班牙殖民復興風格的建築，也算得上是一件精品。

這棟豪宅是為約翰・詹姆遜（John A. Jameson）設計和建造。詹姆遜原來是芝加哥的一個大律師，後來遷到聖塔巴巴拉住後，反倒成了推動這裡建築西班牙風格住宅的一個主要人物。作為一個律師，他在政府立法部門積極遊說，使政府立法保護聖塔巴巴拉這裡的小社區，禁止過度開發，並且通過了整個加州第一部住宅功能法規（zoning law）。這部法規對住宅區的用地尺度加以控制，保護了整個聖塔巴巴拉的景觀特徵，更特別保護了蒙特西托山谷的鄉村感覺。因此，詹姆斯也是對聖塔巴巴拉的城市發展非常有貢獻的一個人物。

群山環抱著的米拉瓦大宅

米拉瓦大宅沿襲了典型的安達魯西亞民宅風格，採用了很多民間的建築材料，不事張揚，有一種內斂的樸素之美。柔柔的燈火，濃濃的樹影，營造出家的感覺來。（左圖）

米拉瓦大宅的構思出於史密斯對西班牙安達魯西亞民宅的熱衷。史密斯本人並不太喜歡那些義大利文藝復興的大宅，在他看來，民宅有一種更加舒適、更加休閒、更不張揚的美，是一種很內斂的、高品味的美，因此他在設計這棟大宅的時候，就刻意用了安達魯西亞民宅作為主要參照。他採用了許多平民化的建築材料，如筒瓦、乾打壘牆面等，為的就是突出安達魯西亞鄉村建築的感覺，這棟大宅因此充滿了安達魯西亞的、地中海地區鄉村的浪漫感，一點也不張揚。因為是乾打壘結構，因此牆體特別厚，後來在使用現代材料改造的時候，他還是保存了門窗拱廊各處的這種厚度感，藉以在感覺上與安達魯西亞民宅保持一致性。粗大木結構樑檐，深凹的門洞，都是很突出的地方特色。由於凹凸清晰，太陽照在建築上的時候光影的戲劇感非常強烈。筒瓦屋頂寬大而平緩，也是很典型的地中海風格。

這棟大宅占地5英畝，隱藏在樹林中，靠近大海，背靠山巒，有一種安詳的親切感。這裡的園林相對來說比較小，但是設計比較另類。與赫列羅大

新主人在大宅的南牆外建了一個起居室，直接和主廊相連，這裡既可以作為家庭的多功能起居室，也可以當作非正式的客廳。粗實的木樑，粉白內牆面，天然材料製作的窗帘……仍保持著和原有建築一脈相承的韻味。

新主人雖然加大了門窗，使室內更加明亮，但在建築的基本架構上，仍然忠實地遵循了傳統西班牙風格，粗大的木結構，天然的牆面材料，仍然深得安達魯西亞民宅的神韻。

一座西班牙式的滴水泉，正對著家庭起居室。

宅採用大尺度的西班牙安達魯西亞園林設計不同，這裡的園林是小巧的歐洲式園林，帶點摩爾色彩，隱藏在大樹下面，好像神話一樣。這棟大宅後來被魯賓斯坦夫婦（Jerry and Jacqueline Rubinstein）買下，他們遷入之後，把部分窗戶擴大了一些，並將前門換成一扇大玻璃門，主要為了能從室內更好地觀賞戶外的風景，也使室內顯得更加明亮一些。他們還將樓上的門和窗改成法國風格。於是，這棟宅院在魯賓斯坦夫婦手上從一個純粹的安達魯西亞民宅轉變成一個外部是安達魯西亞形式的大宅、內部是西班牙和法國風格的混合住宅了。

這棟巨宅的景觀設計還是上面提到過的洛克伍德．佛列斯特，他為魯賓斯坦夫婦加建了一個游泳池。此外，由於植物非常濃密，在外部基本看不見建築。女主人賈桂琳坦喜歡收藏古董，在住宅內陳列了她的各種藝術品收藏。賈桂琳是在歐洲和中東長大的，對於各地的藝術品有特殊的興趣，因此她的收藏就更加具有國際化的特點。這個家，由於有了這麼多收藏品，就有點像個博物館了。

托斯卡納大宅（Sotto Il Monte, La Toscana）

托斯卡納大宅是建築家喬治・華盛頓・史密斯少有的幾棟義大利文藝復興風格的豪宅之一，這棟大宅原來叫托斯卡納，是從義大利、西班牙風格名稱來的，後來改為索托・蒙地，是西班牙語「山下」的意思，比較平實，其實兩個名字都有人用。建築本身很像義大利南部的文藝復興時期的貴族住宅，很堂皇威風。

史密斯當時是應洛杉磯一對富有的夫婦——詹森夫婦（Mr. And Mrs. Kirk Johnson）邀請設計這個住宅的，業主明確希望設計成義大利佛羅倫斯附近瑟廷納羅的岡比拉亞宮（Villa Gamberaia, Settingnano near Florence）的形式，那是一棟 17 世紀建造的豪宅。史密斯親自飛去現場丈量，做了大量細緻的記錄，回來之後，根據具體的地形設計了這棟大宅。托斯卡納占地8英畝，實在是很大。周圍的景觀、園林請洛杉磯的另外一位景觀設計師漢森（ A. E. Hanson）設計的。這些園林設計很有意思，成了利用加州當地特點來詮釋 18 世紀義大利園林的典範。托斯卡納大宅在建造的時候，正值美國 1930 年代的經濟衰退期，在那個時候，富裕的美國人還在

托斯卡納大宅是一棟義大利文藝復興風格的豪宅

托斯卡納住宅的正門立面完全是以17 世紀義大利的岡比拉亞宮為藍圖而設計的。

從南面的泳池邊，眺望住宅的主樓。（右圖）

一道優雅精緻的旋轉樓梯，從入口大廳一直通上二樓的家庭起居室。

這道門廊原本是完全敞開的，後來才配上玻璃鐵門。
（左頁上圖）

室內圓拱上的石雕裝飾，精美的鑄鐵吊燈，拼花木地板，鎏金裝飾的小桌，一點一滴地營造出富麗堂皇的氛圍來。（左頁下圖）

這裡建造如此華美的豪宅，可見當時社會貧富差距的嚴重程度。

由於繼承很大筆遺產，因此在建造這座豪宅的時候，詹森夫婦根本沒有任何經濟壓力。整個建築結構呈H形分佈，兩翼各有不同的功能，以中間入口為界，一邊是家庭、住宅部分，另一邊是接待客人、娛樂的部分，中間入口把兩個功能區完全分隔開來，是義大利文藝復興時期豪宅設計很常用的格局。因為整個建築非常宏大，因此房間也都極為寬敞。兩側的柱廊可以看見花園，主人常在此會客、娛樂。住宅建築後面是寬大的花園和游泳池。

因為指定要模仿義大利 17 世紀的一個宮殿，因此花園的設計就遵循了

原作的基本佈局。左右對稱，中軸線上有雕塑，兩側有涼亭，四面是濃密的綠樹環繞，點綴著各種加州的植物，比如棕櫚、柑橘、檸檬等等，修剪得異常整齊的灌木叢呈幾何形狀，也是歐洲宮廷園林的標準做法。

後面園林有好些當年種植的大樹，高大的桉樹和蒙特利柏樹是加州特產。花園中軸線一直通到低一層的游泳池，游泳池四周是開闊的草地。草地的另一端是石頭雕刻的噴泉，站在那個草坪上，可以看見整個蒙特西托山谷，開闊和隱蔽的景觀都有，這也就應了景觀設計的虛實原則了。

這個園林現在依然是私人所有，我們很難進去參觀，這裡豪宅大屋雖然多，但不是每棟都對公眾開放。

圖書館也顯得氣派非凡。

住宅的後面有一個歐洲宮廷式的園林。（右頁上圖）

花園的正中央，安置著一尊雕像，兩旁的綠籬修剪成對稱的幾何圖形。（右頁下圖）

拉·派赤納住宅（La Perchina）

「派赤納」是一種非常燦爛的墨西哥花卉的名字，這棟大宅就用花來命名，也實在夠浪漫了。這棟住宅是很徹底的西班牙殖民復興風格，也是1920年代在聖塔巴巴拉設計了許多豪宅的建築師喬治·華盛頓·史密斯的另一傑作。當年這棟屋子的業主叫哈里·布林納德（Harry Brainard），設計和建成的時間是1921年。

其實，這間宅邸和其他附近的豪宅相比並不大，入口大廳有兩層，其他部分都僅有一層而已。小住宅有大宅的氣派，是設計師巧用空間和形式的結果，如果說要學習，我以為拉·派赤納住宅正有不少可以借鑒學習的地方。當時布林納德還是個單身漢，並不需要一個大宅，所以設計了這個相對比較小的住宅，但是風味純正，在聖塔巴巴拉還是被當做精品看待。後來的屋主因為感覺這個房子實在小了一點，進行了幾次擴建，不過好在有聖塔巴巴拉建築保護基金會的監督，所以並沒有改變這個住宅原來的基本形式。

這個建築從開始構思起，屋主和建築師都達成共識：要達到最純粹的西班牙殖民復興風格的水平。有了共識，設計師目標明確，做起來就得心應手了。史密斯在設計中流暢地應用了西班牙殖民復興風格的一系列基本特徵，

這種砂石為柱，鑄鐵作頂的花園涼亭，也是非常典型的歐式風格。（左頁圖）

拉·派赤納住宅是一棟很徹底的西班牙殖民復興風格（下圖）

精心設計的彩釉磚噴泉和長凳，給整個環境增添了活潑的情趣。

白牆紅瓦自然是必不可少，厚厚的乾打壘式牆，深凹的窗口和門口，入口圓柱形的塔樓構造，小到鑄鐵的窗飾、鑄鐵的燈飾，彩色的西班牙式瓷磚裝飾，小小的滴泉，滴泉中的睡蓮，都遵循這個風格的原則。最令人喜歡的是空曠的、暴露屋頂內木衍結構的中庭大廳，實在非常西班牙。

最近，喬治．詹森（George Johnson）因為太喜歡這個建築的純粹風格而買下了它。他與建築師商量，進一步把西班牙殖民復興風格加強，使這

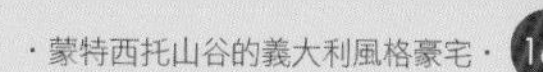

兩盞雕塑似的手製門燈，與古樸的乾打壘厚牆，形成生動的對比。

個住宅成為典範，在兩個屋主的努力和建築師的技巧下，這棟住宅的確是很令人心儀的。

為了加強西班牙殖民復興風格的感覺，史密斯為這個住宅加建了一個很小的入口，走進這個門檻，是一個小庭院，院內有滴泉和睡蓮，然後再上幾級台階，才來到住宅的大門口，這種傳統處理方法，比起那些入門就是車房的設計，要純粹得多了。

室內陳設的家具，有不少是世界級名家的經典作品。（左圖）

寬大的門窗，使餐廳顯得通透明亮，坐在桌旁，可以看到室外的花園和泳池。餐廳的家具也十分考究：椅子是密斯·凡·德羅的作品，餐桌則出自帕斯卡·莫谷之手，桌上的吊燈是本地的設計師唐·韋斯特專門設計的。（下圖）

在連接廚房和餐廳的走道上，還專門在牆上安置了一個展示櫃，陳列著各種工藝美術運動風格的陶瓷製品。

新屋主詹森是洛杉磯一個很大的家具商，他對於室內設計和世界一流家具的關係十分重視，因此，在自己的住宅中，用的都是全世界最頂級的經典家具，密斯・凡德羅、勒・科布西埃馬謝・布魯爾、法蘭克・萊特、格林兄弟、古斯塔夫・斯特克利設計的家具比比皆是，走在室內，好像走進了一個家具、產品設計博物館一樣。這種對有名的家具的使用，大大提升了該棟住宅的價值感。

詹森還有一樣很突出的收藏，就是加州派的油畫。以加州風景為主題的加州派油畫，在近年很流行，詹森的這些油畫都陳列在拉・派赤納住宅的牆面上。有名家具，有名畫，這棟住宅想不出名也難了。

蓮花居（Lotusland, Cuesta Linda）

蓮花居是個大宅院，總面積達 37 英畝，是植物、園藝的天堂。這裡是園藝專家、植物學愛好者 R ·金頓·斯蒂文思（R. Kinton Stevens）的住宅和園藝中心，斯蒂文思喜歡園林，喜歡奇花異草，所以建造了這個又是家又是園林的大宅。斯蒂文思曾經擁有過美國東北部麻省的湯格伍德（Tanglewood），後來是波士頓交響樂團固定的夏季演出露天場所，群山環抱，滿天星斗。我曾經去那裡聽過一場音樂會，是由小澤征爾指揮的，實在是享受。

20世紀初期，斯蒂文思把蓮花居賣給喬治·歐文·納普，納普又把這個居所買給了 E ·帕瑪·加維特（E. Palmer Gavit），加維特是一個很富有的紐約人，經常到聖塔巴巴拉度假，他看中了這塊園林之地，買下來之後，便委託洛杉磯的建築師里金納德· D ·詹森幫他改設計為地中海風格的大宅。那是 1920 年代，聖塔巴巴拉正在流行西班牙殖民復興風格建築，因此，風格也就基本是那樣。不過這個大宅是以園林為主的，因此無論如何，園林總是主導，住宅本身有十一個臥室，加上鄰近的傭人房，起居空間、工作和休息空間，房子好像大得不得了了，但是和那塊龐大的園林比較，還是小小的一間而已。後來又請了喬治·華盛頓·史密斯來設計了立面，總體風

蓮花居是個大宅院，總面積達 37 英畝，是植物、園藝的天堂。（右頁上圖）

蓮花居佔地廣闊，植被豐富，基本上是個植物園。（右頁下圖）

蓮花居的建築風格相當低調（左圖）

對東方宗教情有獨鍾的瓦斯卡女士，將原來的泳池也改成了蓮塘。

巨大的植物園，現在對公衆開放，這是其中一個出口的雕花鐵門，設計圖案採用了蓮花的圖案。（左圖）

園林中有衆多噴水池，均是安達露西亞風格。

格還是很低調的，因為在這個特定的居所，壓倒性的因素還是巨大的園林。園林内的噴泉是安達魯西亞風格，也有不少西班牙運來的雕塑裝飾。由於園林太大，所以這裡都長期聘用一些園藝專家來從事研究和保護工作，與其說是個豪宅，還不如說是個位於巨大的植物園中的住宅更加確切一些。

加維特買下這個巨宅之後，曾將它取名為「麗山居」，是西班牙語的「Guesta Linda」的意譯。

1941 年，當時世界著名的波蘭歌唱家瓦斯卡（Madame Ganna Walska）買下了這棟大宅，瓦斯卡是一個很虔誠的宗教徒，對於東方宗教情有獨鍾，因為蓮花在佛教中有獨特的象徵意義，故而將名字改為「蓮花居」。瓦斯卡先後有過六段婚姻，不斷的離婚給她帶來了巨大的財富，她把這些錢集中投入到這個園林住宅的擴建中去。她邀請專業的園藝家、景觀設計家來這裡工作，不斷完善這個園林住宅，種植了全世界各地的名花異草，園林中曲徑通幽，各種植物點綴其中，讓人目不暇給。

瓦斯卡為了永久保護好這個園林大宅，使之能夠成為大衆欣賞各種花卉植物的好去處，在 1958 年成立了「蓮花居基金會」，現在這個居所和園林都屬於基金會所有，向大衆開放。

特拉薩斯大宅（Las Terrasas）

1920 年，聖塔巴巴拉開始向新的空地發展，這塊待發展的空地叫「希望牧場」（Hope Ranch），特拉薩斯住宅是第一棟在「希望牧場」建造的豪宅。

「希望牧場」是一片大約2000英畝的山谷地，原來是楚瑪什印第安人居留的地方，他們的村落曾經就坐落在這裡。後來，一個專門養羊的愛爾蘭人將它買下，作為牧場，這個人的名字叫湯瑪斯．霍普（Thomas Hope）。霍普在英語中是「希望」的意思，因此，他的牧場就被稱為「霍普牧場」。後來的人不知道這個典故，就乾脆稱之為「希望牧場」了。這塊地早期是聖塔巴巴拉的鄉村俱樂部的旅店用地，那個旅店叫波托大酒店（Potter Hotel），有酒店住房、馬球場、馬術場、高爾夫球場、釣魚的湖，是一片相當大的上層人士活動的場所。山清水秀，好像天堂一樣。

特拉薩斯大宅。這間住宅的風格是地中海風格和盎格魯撒克遜風格的結合，是折衷主義的作品。

特拉薩斯大宅側面（上左圖）

大宅西面，在泳池附近，還有一個雕花石台的老井。（上右圖）

加州的一個非常富有的房地產開發商、活躍的社區領袖人物哈樂德· S ·蔡司（Harold S. Chase）看中了這塊寶地，經過多年的努力，把它改造成一個很成熟的私人社區。為了逐步開放這塊土地，蔡司先在這裡買了自己住宅得用地，建造了特拉薩斯住宅，由里雷金納德·詹森負責建築設計，景觀設計則是拉爾夫·斯蒂文思，就是那個曾經擁有過蓮花居的老斯蒂文思的兒子。

這棟大宅的設計有點特別，因為蔡司本人並不太強求純粹的西班牙殖民復興風格，也不強調地中海風格，因此這棟宅院的風格是地中海風格和盎格魯撒克遜風格的結合，是折衷主義的作品。因為這樣，它反而在功能上就比較現代，無需嚴謹的追隨一種風格，給設計師更大的發展空間。這棟住宅是聖塔巴巴拉地區住宅中被介紹得最多的一棟，原因自然是地中海風格和西歐風格的糅合結果。建築師詹森也因為這棟住宅的設計而出了大名。 1928年，這棟住宅被評為美國的「年度最佳住宅」。典雅而不張揚，有地中海的

暮色中的特拉薩斯大宅，依然魅力十足。

主入口門廳。這裡將室內和室外串聯起來了，詹森在設計這個空間時，保留了原有的陶磚地面，而在門拱處加設了法國式門扇，有需要時，可將室內空間圍合起來。（左頁上圖）

門廳的陳設（左頁下圖）

味道卻不完全模仿，似是而非，重視實用，很合乎美國人的要求和口味。

在設計的時候，還是用了大量純粹西班牙、墨西哥的元素，比如鑄鐵構件的廣泛使用、裝飾瓷磚貼面、米色的牆面、戲劇化的起伏屋頂線條、室內空間的多元化分布，有些人說這是詹森很典型的手法。

詹森喜歡在戶外設計很長的拱券走廊，在這棟豪宅和比爾莫住宅，他都採用了同樣的設計，窗戶大，摩爾風格的拱券，窗戶上用他自己設計的獨特的豎框（英語中叫 mullion），大宅內部有衆多小巧的庭院，庭院周圍都是蔥蘢的植物，深陷的木雕陽台，弧度很大的紅色筒瓦，建築立面的牆面則粗糙而簡樸，這些都是很具有特色的。

這棟大宅子現在是列丁夫婦（Stephen and Angie Redding）擁有，他們很喜歡這個折衷主義風格的大宅園林。除了大宅之外，整個外部還是「希望牧場」的各種社區設施，住在這裡，就擁有了這些設施，可以隨時去遛馬、打高爾夫球，一邊是海，一邊是山，你還能設想什麼比這更好的家呢？

昆塔住宅（La Quinta）

昆塔（La Quinta）這個單詞在西班牙文是「小旅店」的意思，這個住宅原來並不成樣子，後來被黛安德拉．德．莫列爾．道格拉斯（Dianadra de Morrell Douglas）買下，進行了精心的改造，就成了這個非常經典的豪宅了。

道格拉斯是來自歐洲的電影製片人，藝術家、設計師、生意人，能力強得不得了。1922 年，她買下這棟有點破敗的房子，進行了全面改造設計，有明確的設計方向，這棟建築就成了聖塔巴巴拉很有品味的一個典型了。

這棟建築是當年為來自舊金山的海因夫人（Robert Y. Hayne）建造的，設計師是 M．卡爾頓．老溫斯羅（Carleton M. Winslow Sr.）。道格拉斯將它買下之後，便開始注意整個建築和外部的關係，開敞、空靈、內外流動感，加上豐富的綠化，內部大量的歐洲藝術品陳設，頓時使這棟建築的層次提高了。建築本身面積不算太大，但是周邊的地卻很大，一共是 7 英畝，園林豐茂，四處綠綠蔥蔥。道格拉斯喜歡草藥，所以在園林裡種了好幾種草藥，如薄荷、丁香、薰衣草等等，走在院子裡就有種淡淡的草藥的幽香。小路彎彎曲曲，在林中環繞，樹上有木頭做的鳥屋，給飛來的小鳥棲息過夜，院子裡有歐洲中世紀的石雕，走在園內，總是有驚奇。游泳池在一個高台地上，坐在游泳池邊，就可以穿越蒙特西托山谷，看見碧波萬頃的太平洋了。

二樓的通欄陽台，一樓門拱高掛著白色布幔，顯露出摩爾風格的特點來。（右頁上左圖）

透過掛著布幔的拱門向遠處眺望（右頁上右圖）

客廳裡，以沙發椅的棕紅色絲絨罩和同色系的地毯作背景，白色的牆面和棕黑色的裸露大木樑形成醒目的對比。（右頁下圖）

開敞、空靈、內外具流動感，以及豐富綠化的昆塔住宅。（下左圖）

主宅旁邊不遠處，有一棟獨立的客房。門前擺放著舒適的躺椅。（下右圖）

德斯卡索住宅（El Descanso）

聖塔巴巴拉既然是這樣漂亮的一座小城，它歷來就是富人和設計菁英聚集的好地方，這些人中不少都很有公德心，他們對社區的建設充滿了熱情，出錢出力，為建設一個有品味有文化感的市鎮作了不少貢獻。

我們早年受的教育，好像全世界的富人都是壞人，到了美國才知道，由於企業文化差異，不少富人都願意為社會做貢獻。其實，聖塔巴巴拉之所以能夠保存和發展得如此好，與富人和設計菁英們的貢獻是分不開的。

起伏的天際線、蔥蘢的大花園、紅瓦白牆的建築，德斯卡索住宅德斯卡索住宅呈現一種綜合設計下的氛圍和風格。（上圖）

德斯卡索住宅，完全是一座大城堡一樣的巨宅。（左上圖）

陽光下的德斯卡索住宅（左圖）

在對聖塔巴巴拉有貢獻的人當中，科涅留斯・比林斯（Cornelius Billings）絕對是不能不提的一位。比林斯是美國最大的化工企業——聯合碳化物公司（Union Carbide Co.）的總裁，他在 1898 年建立了這個公司，經營得道，這個巨大跨國集團公司給他帶來了巨大的財富。早在 20 世紀初期，他就經常從紐約飛來洛杉磯辦事，冬天就在聖塔巴巴拉的波托酒店過冬，他的生活方式是很典型的那種早期資本家型的：眾多僕人服侍，轎車接送，在酒店一住就是三個月，而且一包就是好多間豪華套房，他甚至有自己的私人火車，裝飾得像皇宮一樣，有時就坐自己的私人火車來往於聖塔巴巴拉和洛杉磯之間。由於他太喜歡聖塔巴巴拉了，所以最後乾脆在 1917 年在這裡建造自己的家園，這年他在蒙特西托買下了104英畝的土地，做為建造住宅和園林之用。

這棟住宅是由佛朗西斯・T・安德希爾（Francis T. Underhill）設計的，

如此明媚的陽光，怎能沒有一個碧波蕩漾的泳池？

完全是一座大城堡一樣的巨宅。1919 年完工之後，比林斯大多數時間就住在這裡，一直到 1925 年大地震遭到嚴重損壞為止。由於地震損壞了主要的住宅，比林斯只好遷到旁邊的一棟原來是準備做客房用的小一點的屋宅裡住，比林斯太太卻更喜歡這個小一點的屋宅，後來乾脆就住在這裡，一直到 1937 年他們夫婦去世為止。現在我們看見的德斯卡索住宅就是這個當年的客房住宅，而不是原來的大宅邸。

比林斯在聖塔巴巴拉住了好多年，他一方面不斷完善自己的這個豪宅大院，同時還積極促進整個城市對西班牙殖民復興風格、義大利文藝復興風格建築的建設，聖塔巴巴拉人認為他是這個城市的第一個真正的社區精神領袖。他的帶頭作用，還有他對社區的建設、對古跡保護的慷慨捐助，都是很有意義的。

德斯卡索（Descanso）這個單詞，是西班牙語中的「休息處」的意思，稱為小宅，是相對原來的大宅來說的，其實現在去看看這個所謂的較小的宅子，還是巨大得很。比林斯的這個客房是 1922 年由建築師查爾頓．溫斯羅（Charleton M. Winslow）所設計。這棟建築完全嚴格按照義大利文藝復興的式樣設計和建造，中間大廳當時是作為音樂廳用的，中庭也可以作為教堂活動中心，這種方法在中世紀豪宅中很是常見。為了使建築具有文藝復興

住宅的入口門廳。拱形的天穹，上有手繪的細緻飾邊，這種手法在西班牙和墨西哥的宮殿和教堂裡應用得很多。

特色，大廳內的窗戶全部使用彩色鑲嵌玻璃，走進去就能感覺到濃厚的宗教氣氛。

比林斯豪宅的主要部分在 1925 年地震之後毀壞後，也沒有再建，因此，他一直住到去世為止的這棟原來的客房，就成了德斯卡索住宅的主要建築。比林斯去世之後，這棟大宅和園林幾經易手，現在歸室內設計師彼得·卡沃伊安（Peter Kavoian）和雷·溫恩（Ray Winn）所有。他們對這棟建築的保存做了許多工作，使整個建築保存得很好。由於彼得本人就是室內設計師，所有他對這棟豪宅的歷史意義非常清楚。對於原來文藝復興式的室內，他們做了一些現代的改變，使歷史風格和現代生活方式有很好的結合。在起居室，他採用了傳統義大利建築常用的牆紙，增加氣氛感，也沿用了一

些在文藝復興後期常見的哥德風格細節；在園林方面，靠近車房的部分做的更加工整一些，而靠游泳池的部分就更自然一些。他們雇用的園林設計師亨利・林尼（Henry Lenny）加建了摩爾風格的、用馬賽克鋪設的噴泉，增加了這裡的西班牙風格感。

主客廳的裝飾採用了一些哥德風格的細節，例如彩色拼鑲玻璃窗和天花板的尖形拱，以及古典柱式的連續排列等，使得整體氣氛更為富麗堂皇。

德斯卡索住宅是聖塔巴巴拉住宅建築中的精品，也是被介紹得比較充分的一棟代表作品。

就連門牌號碼也設計得既不單調，又不花俏，恰到好處。

塔納院是一棟很純粹的西班牙殖民復興風的住宅，充滿了地中海文藝復興和西班牙地區民宅的氣息。（下圖）

塔納院（Taynayan）

聖塔巴巴拉有棟住宅叫「塔納院」，是一棟很純粹的西班牙殖民復興風格建築，這裡充滿了地中海文藝復興和西班牙地區民宅的氣息，也是 1920 年代在蒙特西托山谷建造的那批經典住宅之一。這間住宅是梅布里・索姆維爾（Maybury Somervell）為路易士・老德萊佛斯（Louis G. Dreyfus Sr.）設計的。這棟宅子在山谷邊，在設計的時候，用所有的可能性來使住在裡面的人能夠享受山谷景色，用很高大的鐵門增加住宅的私密性，裡面的大宅，用的是厚厚的西班牙乾打壘式的牆，牆體隔擋了夏天外面的暑氣，整個夏天，裡面都是很陰涼的。

這棟宅院的老主人德萊佛斯是個法國人，1862年生於巴黎，1886年離開法國，遷移到聖塔巴巴拉定居。由於太喜歡這裡了，他從此再沒有回法國居住過。當時聖塔巴巴拉的土地還很便宜，經過一段時間的經營，他很快就成了本地最大的地主之一，擁有不少土地。他特別喜歡這裡原來居住的楚瑪什印第安人的藝術，並且大量收集他們的手工藝品，在原來楚瑪什印第安人居住的教堂谷（Mission Canyon）邊上買了地，就在這裡請建築師幫他設計和建造了自己的住宅，並在住宅中陳列這些傳統手工藝品的收藏。他把自己的宅子起名為塔納院，源自於一個楚瑪什人村莊的印第安語名字，這個印

第安人的小村莊叫「Xana'yan」，讀音是「香納院」，意思是「岩石的地方」。那時住宅登記還在教堂裡做，教堂把這個住宅的名字登記為「Janayan」，第一個字母是J，後來時間長了，搞錯了，就變成了T，因此以訛傳訛，變成了塔納院。

這個大宅主要是兩層樓，少許地方有三層，因為地勢很險要，所以走到這裡有點好像進入一個要塞一樣，非常宏大。它有純粹的西班牙殖民復興風格，也有一些義大利文藝復興的細節，比如陽台的結構。進入大門，通過中

看到這樣別致的小陽台，第一個聯想會是什麼？浪漫的西班牙小夜曲！（上圖）

牆面效果（左上圖）

山路彎彎（左下圖）

外牆面上「略施小計」，營造出歷史的沉澱感。（上左圖）

從起居室看出去，近處的天井，遠處的花園，磚墁的地面，陶製的滴水泉……在南加州的豔陽天中營造出西班牙氛圍來。（上右圖）

軸線路，就進入入口走廊，一樓是生活起居空間和僕人用的地方，第二層是居住層，包括主人臥室，臥室通向陽台。

上樓的樓梯是有瓦頂遮蓋的，非常漂亮。走廊內、大廳內都有漂亮的馬賽克陶瓷鑲嵌裝飾的地面和樓梯踢腳，最精彩的是樓梯旁邊牆面有一片很大的陶瓷鑲嵌壁畫，畫的是西班牙作家塞凡提斯的名著《唐吉訶德》的故事，是一幅連環畫似的壁畫，饒有風趣。這張作品不是由本地的畫家所創作，而應該是來自西班牙的真正藝術珍品。加州陶瓷壁畫基金會的專家和西班牙的陶瓷壁畫專家都認為，這張壁畫應是出自西班牙塞爾維亞陶瓷壁畫大師之手，是在塞爾維亞的聖塔安娜陶瓷廠專門製作的。這間住宅內同類的陶瓷壁畫片還很多，大約是同時在那裡訂做的。

塔納院不像其他的住宅一樣經常轉手，長期以來，它一直都在德萊佛斯家族的手中，這個家族的後人也非常費心的照顧這棟住宅，不斷修繕它，並且豐富它。這棟巨宅現在是聖塔巴巴拉收藏楚瑪什印第安人藝術品最豐富的博物館。

設計師運用一切裝飾手段，將整個氣氛鎖定在富於歷史感的西班牙浪漫時代上。（上圖）

色彩斑斕的瓷磚，裸露的木樑，每一個細節都具有濃郁的西班牙風情。（左圖）

歸來居——邊文尼達大宅（Casa Vienvenida）

「邊文尼達」是西班牙語「歡迎回家」的意思，這是聖塔巴巴拉另外一棟豪宅的名字，可以翻譯成「歸來居」，名字就很好聽。這間宅邸是建築師阿迪遜・米茲奈（Addison Mizner）設計的，他是當時很有名氣的一位建築師，在佛羅里達的棕櫚灘設計了不少非常精緻的住宅和商業建築。1918至1928年，他在佛羅里達開業，發展了一個自己的地中海建築風格體系來，來一個來自紐約的富人阿爾佛列德・迪特里奇（Alfred Dieterich）請他在聖塔巴巴拉設計一棟豪宅，他用自己全部心血集中於這個專案中，最後建成了這棟叫「歸來居」的巨大的豪宅。

米茲奈年輕的時候曾經在瓜地馬拉住過四年，對那裡的西班牙殖民復興風格建築很有體會。他是在西班牙的薩拉曼卡（Salamanca）大學裡學建築的，畢業後在舊金山一個設計事務所當了三年學徒，對西班牙風格有了進

邊文尼達大宅——「歡迎回家」的巨大豪宅。門拱的設計頗具情調，窗的結構也很有特色。

邊文尼達大宅是以設計地中海風格住宅聞名的著名建築師米茲奈的收山力作。

邊文尼達大宅的中庭小院（右頁二圖）

一步的認識。之後，米茲奈在紐約開業，憑著對南美洲、西班牙本土的建築的深刻了解，他逐步成為紐約的一位專門從事這類風格設計的著名建築師。然而，由於身體不好，需要到比較溫暖的地方居住，後來他就遷移到南部的佛羅里達棕櫚灘，業務也轉移到那裡。他在那裡設計了為數眾多的西班牙風格建築，除了集中於西班牙本土民居風格、西班牙殖民復興風格的應用之外，他還特別吸收了一些中世紀哥德風格的細節，加強了文藝復興的氛圍，這種方法很受顧客的歡迎。他的建築有很豐富的石雕細節裝飾，又廣泛使用寬敞的中庭和拱券迴廊，加上西班牙風格的園林，非常精彩。

「歸來居」是米茲奈的最後一個作品，那時他的身體狀況已經很差了，但是這個案子所在的聖塔巴巴拉是如此的壯觀和美麗，使他無法抗拒。在這個項目中，他集中了自己畢生對西班牙風格的認識和把握，巧用山地的形式來營造園林，軸線清晰，噴泉眾多，依山面海，使歸來居成為聖塔巴巴拉最豪華、最堂皇的住宅之一。這棟建築完成之後沒有多久，米茲奈就在 1933 年去世了，這棟大宅也就成了他的絕唱。屋主迪特里奇非常喜歡這棟豪宅，

但是他也沒有能夠享受多久，就在 1935 年去世了。

在迪特里奇去世之後，這棟巨宅多次轉手， 1970 年代，建築家羅伯特 K ·伍爾夫買下這棟建築，他全心全意的恢復這棟宅院當年的設計，伍爾夫在這裡住了十三年，也在這裡修整了十三年，所有的昔日光彩都在他手中得到昇華。我們去參觀這個豪宅的時候，都為米茲奈、伍爾夫這兩位建築師的精彩構思和設計感到震撼。

伍爾夫把這棟豪宅作為聖塔巴巴拉的博物館看待，在這裡舉辦私人的活動，有時也對公眾開放。這棟巨宅是聖塔巴巴拉的歷史的重要組成部分之一。

在邊文尼達大宅的後面，米茲奈設計了一個完全義大利文藝復興風格的花園。後花園的整體佈局是左右對稱的，晶瑩的水流從入門樓正中的泉眼噴出，分成兩列疊泉，順勢而下，又歸入正前方的噴泉之中，前後呼應，一氣呵成。

邊文尼達大宅令人驚歎的室内設計，出自前任屋主羅伯特．K．伍爾夫之手。穹頂、吊燈、鐵門、壁飾……無一不精，美不勝收。從上個世紀70年代後期起，他在這裡居住了13個年頭，而他本人也是非常出名的建築設計師。

氣派不凡的起居室壁爐、美輪美奐的天花板和吊燈，都是在大宅始建時設計的。（右圖）

06 Modern Spanish Revival 當代新建的傳統風格住宅

去聖塔巴巴拉，其實最令人震撼的還不僅僅是那些兩百年前的、 1920 年代前後的、 1925 年大地震以後建造的西班牙殖民復興風格的整體性。這個城市的價值，在於它自始自終堅持一個中心風格，就是地中海式的、西班牙式的、文藝復興式的結合，好多 1990 年代以來新建的建築也是屬於同一種類型，市中心建造了好多新的銀行、商店、餐館建築，甚至一個巨大的購物中心，不但風格依舊，而且建造那個大購物中心的時候，也精心設計成若干小型的建築群，打破巨大建築體量造成城市形式的壓力，維持小城鎮感覺，這才真是令人驚歎和分外感慨。

聖塔巴巴拉現在的市中心由十個街區構成，其中有些是歷史街區，有些是新建的街區，走進去時，卻不太能夠看出新舊之間分界線，這是最奇妙的一點。我們現在有些舊城改造，做得好像新城一樣，更有甚者，做成好像遊樂場一樣，一點歷史感都沒有！那真還不如不做，因為假古董最讓人噁心。

聖塔巴巴拉中心這十個街區都是正方形的，其中包括了最北的聖塔巴巴拉縣法院大樓、聖塔巴巴拉藝術博物館，南邊一點有一個很大的、西班牙人在 1782 年建造的兵營（Presidio）、兵營士兵宿舍（the Canedo Adobe）、兵營的軍官公寓（El Guartel）、羅比羅劇院，最南面的聖塔巴巴拉歷史博物館，十個街區中還有很多商鋪，文化氣息很濃，同時也有很豐富的商業氛圍。

盧西亞大宅為營造鄉村別墅的氣氛，連泳池也作成池塘的模樣。（左頁圖）

市民廣場中步行街的門樓。

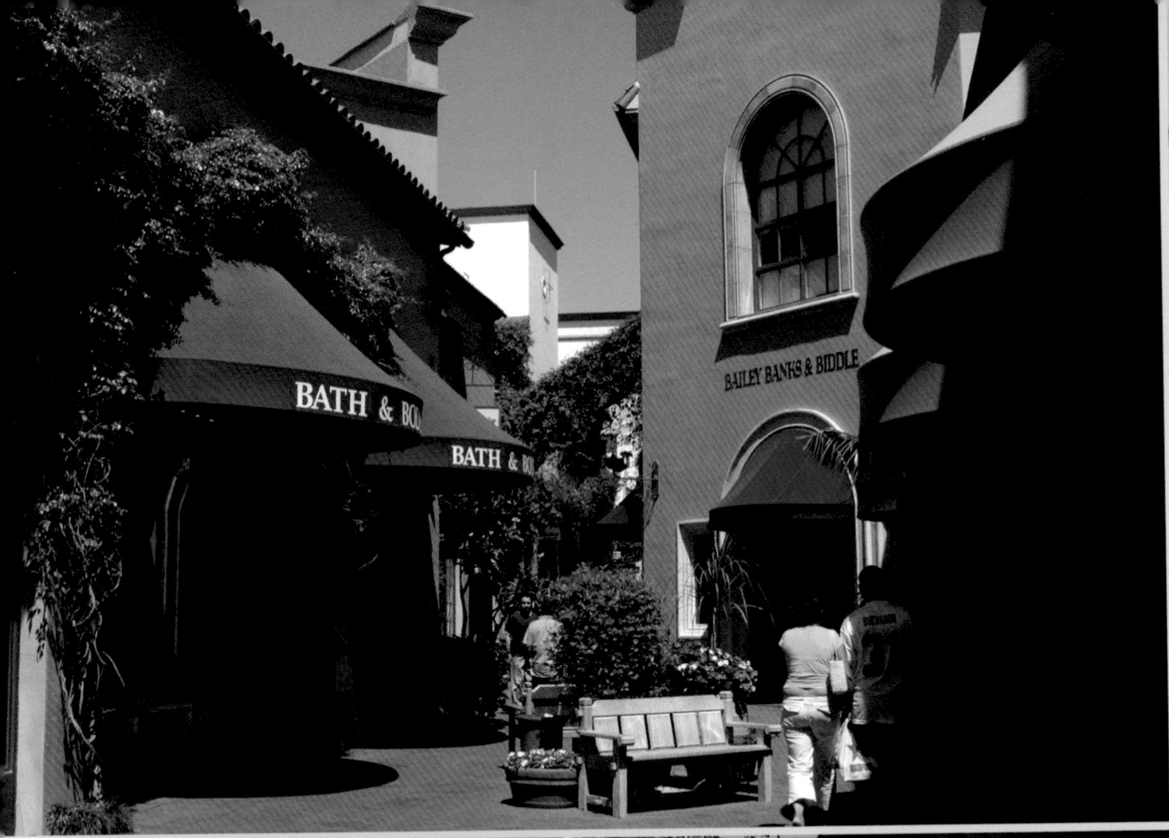
BATH &
BATH &
BAILEY BANKS & BIDDLE
ARTS COMPLEX
CINEMAS
DIRECTORY

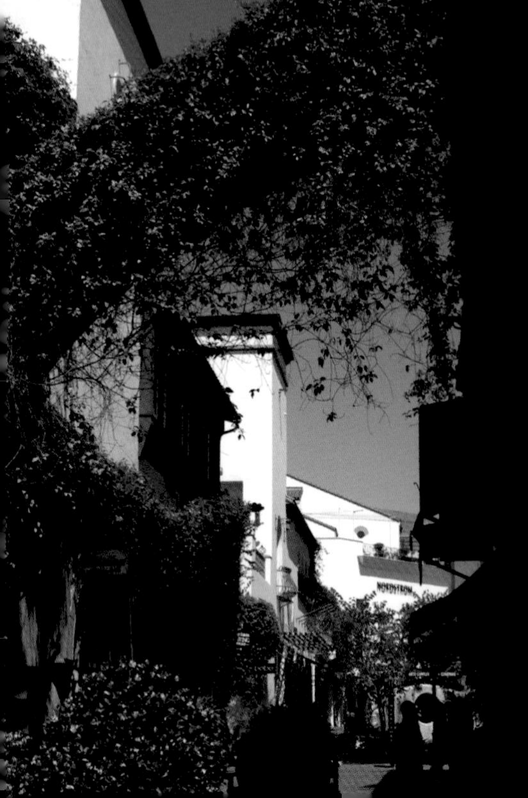

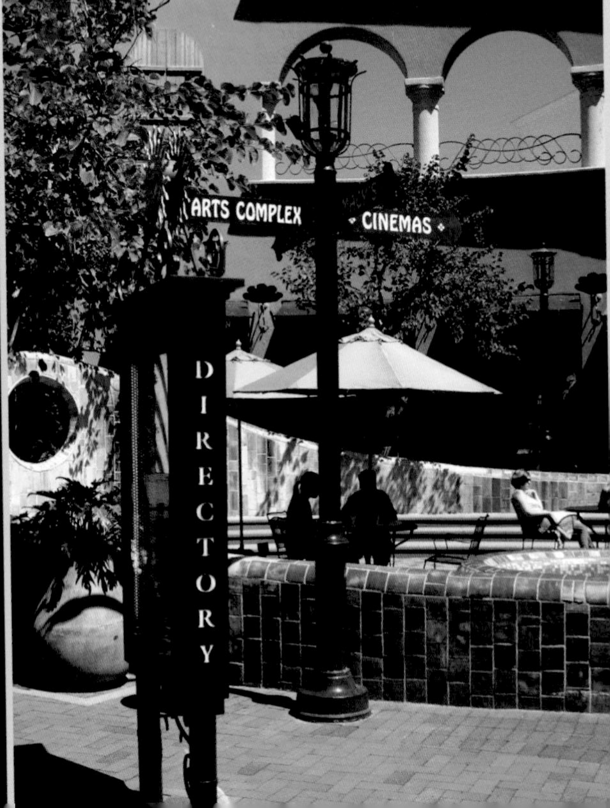

外表是古樸的傳統建築風格，裡面卻是時尚的太陽眼鏡店。（上圖）
西海岸著名的高級百貨公司 Nordstrom 也在這裡開設分店。（下左圖）
市民廣場的小街巷裡，遊客川流不息。（下右圖）

窄窄的巷子將一個一個微型廣場、一家一家精品店鋪、一座一座花木扶疏的院落連接起來，倘佯其中，常常會有意想不到的驚奇發現。（左頁上圖）
橫跨小巷子的彎拱，佈滿了綠油油的青藤，使綠化也成了立體的設計。（左頁下左圖）
市民廣場理應有盡有，向右走是電影院，向左走是藝術中心。（左頁下右圖）

最南面就是完工才幾年的購物中心，用西班牙語命名，叫「新廣場」（Paseo Nuevo）。這是一個我們稱為「Mall」的大型購物中心。這個城市有十萬以上的居民，旁邊還有一個偌大的加州大學聖塔巴巴拉校區，光學生就三萬多人，因此需要一個比較大的綜合商業中心。但是考慮到這個城市的總體風格是西班牙式的，是地中海式的，因此這個大型購物中心的設計採用了化整為零的方法，地下是停車場，地面建築則分成若干個小建築，其中採用橫街窄巷的設計，完全達到了仿舊的目的。

商家門前彩色鮮豔的彩旗，令人彷彿置身於西班牙的海邊。

舊城鎮的橫街窄巷是一個很突出的特徵，現在的城市規畫都採用方格結構的街道，來避免橫街窄巷，其實，真正能吸引人的街道、真正能夠留住人氣的街道恰恰是橫街窄巷，這一點是直到最近才在西方國家建築設計、城市規畫界中得到比較充分認識、並且開始有計畫的沿用的一個元素。在聖塔巴巴拉的「新廣場」大型購物中心的設計中，這個認識就得到了最好的體現。

小天使住宅（Casa de Los Angelitos）

「小天使住宅」建於 1990 年，是聖塔巴巴拉的建築師亨利・列尼（Henry Lenny）為景觀設計師蘿尼・安・大衛（Lori Ann David）設計的住宅。這個住宅位在聖塔巴巴拉山腳下。大衛曾在墨西哥旅行，對那裡的西班牙殖民復興建築風格留下了很深刻的印象，所以回來之後就計畫要做棟這樣的住宅。她希望自己的住宅能夠包含西班牙風格的特點，但是同時有現代住宅的元素和功能。

建築師列尼是在墨西哥瓜達拉哈拉（Guadalajara）一棟歷史悠久的老宅院裡度過童年的，這棟建築現在也是那座城市的民間藝術博物館，這段經歷，對他瞭解西班牙殖民復興風格建築非常重要。他之後在美國學建築，畢業之後就致力從事具有現代功能的西班牙風格住宅和商業建築的設計工作。

列尼在接到「小天使住宅」這個案子之後，思考了很久，因為客戶有現代的要求，又想同時保持西班牙風格的特色，要做到兩者兼顧，比一般的復

裝飾著五月柱的小天使住宅。

傳統的西班牙客房會安置在花園較低處，顏色和結構比較低調，形成一種「祕密花園」的氣氛。

雕塑泉和用聖塔巴巴拉砂建成的柱列，為因應時節而臨時添加的裝置陳設（如圖中的五月柱彩旗）提供了生動的背景。（左圖）

凡事喜歡親力親為的屋主，自行設計了從餐廳通向樓下起居室的樓道，他用從河裡拾回的鵝卵石鋪設地面的花紋。

古建築要難得多。他對自己提出幾個根本性的問題：西班牙風格是如何形成的，其形成的條件和背景是什麼？ 1990 年前後，在墨西哥的多羅列斯高地（Dolores Hidalgo）出土了一個西班牙殖民地時期的建築遺跡，是 18 世紀的一間教堂和一個牧場大宅的殘存部分，在那裡發現了三扇腐爛得很嚴重的木製大門，列尼和屋主大衛得知消息，就去那裡把三扇木門都買下，用框子鑲起來，作為小天使住宅的重要裝飾品。這真正歷史遺留下來的大門，在這裡不但點綴了建築，並且還為建築物增加了脈絡氣息。

這棟建築的佈局比較寬敞，強調室內流暢的自由空間感，這是現代住宅的設計原則，而牆面處理和結構形式上，則延續了傳統的西班牙風格，建築低矮，牆體厚重，因此風味十足，加上室內大量的文物、民間手工藝品的裝飾，的確達到了現代和傳統兼有的雙重性目的。

龐貝院（Pompeii Court）

聖塔巴巴拉有地中海風格建築的傳統，因此，許多在1980年代、90年代和21世紀在這裡買地建造住宅的人也都遵循這個風格，而市政府也早有嚴格的立法，控制建築風格，這樣一來，整個城市都能由一種很和諧的地中海風格構成。我常想：做一棟仿古建築不難，難的是保護和建造一個風格統一的城市，成片保護、全城保護才是真正的保護，那種割斷歷史的點狀保護，其實是一種變相的破壞。

在聖塔巴巴拉，我曾看過幾棟於1990年代前後建造的新住宅。與那些早年的豪宅相比，這些新建築自然沒有能夠有那麼多裝飾細節，但是從風格上來看，卻依然是純粹的地中海式的，非常明確，也具有新住宅的簡練和明快。

背山而建的龐貝院，沐浴著南加州明媚的陽光，散發著地中海建築的氣息。

龐貝院是 1999 年在原來一棟 1917 年的大宅基礎上改建的住宅（右上圖）

龐貝院是依照義大利鄉村住宅設計的現代住所，建築之中還圍合一個小小的院子。（右中圖）

院子的地面鋪著淺色地磚，中間有個滴水泉。（右下圖）

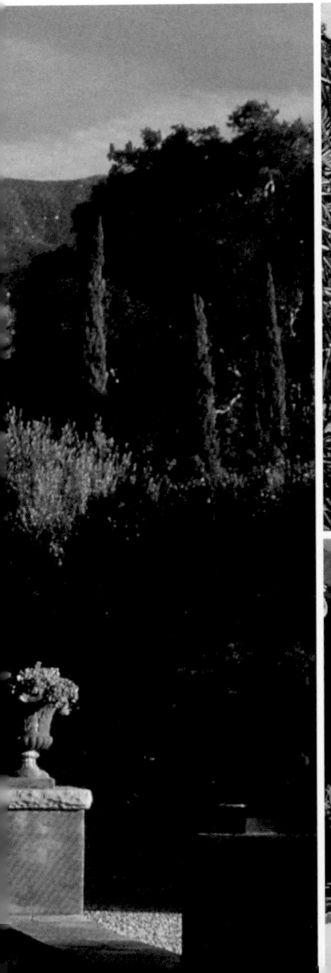

起居室的陳設（上圖）

浴室的陳設（右圖）

車道通到龐貝院的主入口。（左頁上圖）

游泳池在後院的盡頭。（左頁下圖）

廚房的陳設

龐貝院是畫家麥克・德・羅斯（Michael De Rose）在 1999 年在原來一棟 1917 年的大宅基礎上改建的住宅。原來這棟住宅是芝加哥大企業柴爾德與史密斯公司（Childs and Smith）的老闆拉爾夫・伊沙姆（Ralph Isham）的住宅，後來幾經轉手，住宅嚴重損壞，因此需要重建。

羅斯是個畫家，不是建築師出身，但是他擁有畫家特有的感覺，對傳統建築的結構和細節都觀察得細緻入微，使他逐步成為一個能夠處理複雜的地中海風格住宅建築的專家，這棟住宅的設計就是一個很成功的例子。

羅斯遵循了原來住宅的總體平面佈局，保存了原來相當開闊的園林，增加了園林中隱藏在林蔭內的亭子，設計了簡單但是西班牙味道十足的噴泉，圍繞游泳池設計了一系列小品建築。整個住宅採用很典型的地中海風格，在樸實的西班牙殖民復興風格基礎上，又增加了室內的義大利文藝復興裝飾，比如柱頭壁爐、浴缸等等。色調溫暖。天花板全部用粗大的木材構建，充分體現了西班牙殖民復興風格的特色。他連鑄鐵的吊燈、家具的風格都非常注意。這棟建築足足花了他 4 年的時間，完工之後，成為新一代復古建築的傑出代表。

塔屋——拉托列住宅（Casa de la Torre）

在西班牙語中，「托列」是塔樓的意思，因此這個住宅的名稱直譯就是「塔屋」。這棟住宅完成於1991年，準確地把握住了西班牙殖民復興風格建築的特點，無論室內還是建築立面，都很完美，是本地新建築中最能夠體現傳統風格的一個傑出代表。這個建築有很鮮明、很突出的安達魯西亞地方風格的特點，完全是西班牙南部民居形式。它是波雷夫婦（Tom and Nancy Bollay）在1991年所建造。這對夫婦一心要建造一棟完全純粹的西班牙殖民復興風格建築，想達到惟妙惟肖的地步，因此從設計到施工都非常精心，不放過任何一個細節。其設計之精細，以至於到現在為止，還不斷有人問他們：這棟住宅是不是1920年代聖塔巴巴拉的西班牙殖民復興風格建築之父——喬治·華盛頓·史密斯親自設計的？是不是當年的原作？這說明他們的確達到可以亂真的地步了。

拉托列住宅——細鐵枝的圍欄的小陽台，門前棕紅的陶罐，鋪上木屑的地面，每一個細節都能引起人對地中海、對西班牙的嚮往。

白牆紅瓦，蒼翠欲滴，風情萬種的拉托列住宅。

大宅入口的門廳（左圖）

起居室的北窗從天花板直落道地，僅以細鐵條間以方格，以便更多的室外光線進入。

要使一棟嶄新的建築，看上去好像經歷百年風霜的歷史建築，沒有高度的專業水準是不可能的。雖然風格純粹，但是整個新建築的內部色彩非常明亮，這是和當年的老建築最不同的地方。這棟住宅被稱為屋主自己完整詮釋1920年代建築水平的最好代表，也是屋主自己詮釋當年那些西班牙風格建築大師，如史密斯、詹姆斯．克里格、約瑟夫．普魯科特（Joseph Plunkett）、華萊士．涅夫（Wallace Neff）這些人的建築風格的最好代表。波雷夫婦在建造自己的住宅之前，花了很多時間仔細地研究了整個聖塔巴巴拉的建築風格，特別對市中心的建築風格，做了詳細的記錄，總結出一些最根本的原則，從而在牆體厚度、窗沿厚度上達到原汁原味的西班牙民宅的水平，為了使室內能夠比較明亮，他們還使用了尺寸很大的窗戶，為了達

吊燈，燭台，壁爐用具，都是道地的手工鐵器，木製門扇，小櫃和靠椅，也是道地的西班牙風格。

到仿古的效果，他們又選用了很道地的鑄鐵構件。

這棟房子的所在地，原來是有一棟住宅的。那是 1920 年代美國富豪麥科米克家族的產業，但是早已經倒塌了。雖然建築沒有留下，但是當年的園林卻還遺存不少痕跡，特別是一些樹木花草都還生長茂盛，還有一定的園林基礎。波雷夫婦和一些建築師、園林設計師朋友就在原來痕跡的基礎上重新建造，這樣，舊的住宅的文脈就得到了延續。一棟房子，如果能夠復興舊建築和園林的痕跡，總是會顯得特別有歷史感，加上整體的設計嚴格遵循西班牙殖民復興風格來做，所以建成之後，好多人還以為整棟住宅都是歷史建築呢。

陽光住宅—— 盧西亞居（Villa Lucia）

盧西亞住宅是西班牙語中的「陽光住宅」的意思，lucia 就是「光線」的意思，位於聖塔巴巴拉的這棟住宅，具有很濃厚的西班牙北部托斯卡尼地區（Tuscany）建築特點，由建築師巴里・伯庫斯（Barry Berkus）設計，設計的原意就是希望這個宅子充滿陽光，充滿歡樂。

為了真正做得像托斯卡尼民宅，他和這棟建築的屋主還專門去托斯卡尼考察過那裡的傳統民居。回到美國之後，他們覺得如果僅僅做一棟單獨的托斯卡尼風格住宅，孤零零的，將沒有任何意義。與其簡單做一棟托斯卡尼住宅，還不如把這個住宅做成一個村鎮建築群的樣子，才具有豐富的特徵。因此，他們決定定做一個建築群，包括比較高的塔樓、翼廊，使建築的天際線豐富多變，突破單棟建築的刻板和缺乏群體感的局限。

屋主是一對名叫布里吉斯的夫妻（Jeff and Susan Bridges），他們在聖塔巴巴拉買下住宅用地，建造了這棟比較大的住宅，建築占地面積是

擁有 360 度全方位超級海景的盧西亞花園

整棟大宅就像一座托斯坎尼的居民，從西班牙搬到了蒙特西托山上。

戶外餐桌安置在地中海風格的庭院中，四周環繞著果實累累的柑橘樹。

1000平方公尺左右，另外有20英畝的山地，做為景觀用。景觀設計師是菲爾・西伯利（Phil Shipley），設計的內容包括花園、葡萄園、小院子、花圃、陡坡、各種小陽台院子，還有一個游泳池。由於兩夫婦都在洛杉磯上班，這個住宅是作為他們從日常繁忙的生意中走開來休息用的別墅。一家大小在這裡度過週末、假日，是很舒適的一個度假休憩之居。

伯庫斯是一位很有名氣的建築設計師，他設計過好多重要的商業和住宅，在美國和國際建築界都有很高的知名度。在設計這棟好像一個村鎮形式的複雜住宅的時候，他結合了西班牙南部托斯卡尼民宅特色和現代住宅的一些主要的元素，儘量使這棟住宅與鄉鎮風格接近，而不走其他豪宅的文藝復興風格的路。因此，去看這棟住宅的時候，會感到特別親切和溫馨。仿乾打

夕陽下的盧西亞花園大宅

壘的牆壁，窗口與大面積簡單空白的牆面的對比，高低起伏的屋頂線，都很戲劇化。穿過中軸線上的入口主通道進入到門廳，高大而氣派。托斯卡尼是西班牙北部的風格，因此，這棟建築與聖塔巴巴拉的其他建築雖然都屬於西班牙類型，但它的特點是選用了北部風格，相當有趣。建築住宅部分和門廳的中軸線有一個 45 度的角度，因此不是中規中矩的佈局，這個角度使所有的房間都能夠看到壯麗的山景。站在這個住宅的樓上，可以看到270度的海景，非常壯麗。民居的風格使這個建築群能夠和聖塔巴巴拉的自然景色融合起來，建築也就成了聖塔巴巴拉自然景色的一個組成部分。

設計的時候，伯庫斯使用了許多歷史的元素，比如砂岩牆面、傳統的石頭戶外裝飾品，使整個建築群具有濃厚的人文歷史感。室內設計宏大而舒適，牆面部分用砂岩，部分是簡單的塗料，虛實對應，地面部分是陶地磚鋪設，部分是木地板，整個色彩調子暖暖的，非常舒適。

我最近經常看一些國內的所謂豪宅，其實徒有虛名，因為除了面積大以外，它們並不舒適。2005年12月，我和萬科集團公司的王石聊天，其中就談到豪宅的舒適性問題。我在這棟「陽光住宅」裡的時候，無論是尺度還是色彩，材料或是家具，都洋溢著舒適、親切感，讓你老想停下來，坐下去。這種感覺，沒有非常成熟的設計構思，是不可能達到的。

溫馨的家庭起居室（上圖）

主入口處的門廳走廊（右圖）

07 The Cultural Atmosphere in Santa Barbara

聖塔巴巴拉的人文氛圍

聖塔巴巴拉詩情

聖塔巴巴拉這座小城市充滿了藝術情調和歷史品味，因此也自然聚集了好多藝術家，好多文化人，好多作家。

有個老同事、藝術家文森特·羅賓斯（Vincent Robbins）就住在聖塔巴巴拉山谷中，在一個學術假期的週末，他請我去他家坐坐，我抽個時間開車去了。

雖然從洛杉磯到那裡要開兩個小時的車程，但是去聖塔巴巴拉總是令人欣喜的。

文森特的家在聖塔巴巴拉那個古老的西班牙教堂後面的山上，道路彎曲崎嶇，不斷轉彎，樹木森森，最後停在一個很陡峭的坡上，走下去才是他自己動手建造的、足足有700平方公尺大的住宅。文森特很細心，為了使自己的住宅具有真正西班牙的古老感覺，所有的紅瓦都是從南加州和墨西哥拆除的舊建築中取來的。瓦的歷史長短不一，有些上面有厚厚的苔蘚，有些的色澤已經變成灰色，雖然原來都是紅瓦，現在卻五顏六色，斑駁陸離，有沉甸甸的歲月感。走進房間，通過一條長長的甬道，進入大廳，突然眼前一亮—

加州大學聖塔巴巴拉校區的每一扇窗口，都抹上了大海的蔚藍。（左頁圖）

文森特的家，掩映在濃濃的樹蔭裡。屋頂上這些顏色斑駁的筒瓦，是文森特從南加州和墨西哥的一些鄉村費心收集來的，頗有一種歷史的滄桑感。（下圖）

入口門邊上，擺放著一些手繪的彩釉磚畫做裝飾。

一進大門，處處都可「偶然」看到一些似乎是「隨手」放下的籃子、泥罐，使室內的文化氣息更加濃郁。（右頁上圖）

畫室的牆邊，擺放著兩個舊木箱，這可是早期西班牙殖民者留下來的古董呢。（右頁下圖）

—大廳是空空的，潔淨的地板，兩把籐椅，一面牆整個是落地大玻璃窗，好像一個巨大的鏡框一樣，窗外是聖塔巴巴拉的青蔥的群山，窗子把外面的美景盡數收入房間。整間住宅安靜極了，只聽見穿行在桉樹之間的風聲，山濤起伏。我好一會都沒有出聲，那種感覺真是非常的震撼。住宅和自然景觀的完美結合，住宅與歷史的連接，創造了一個非常好的生活空間。我去過很多相當好的住宅，但是能夠像文森特的住宅那樣具有震撼力的，卻少之又少。

通過文森特的介紹，我還認識了那裡的幾個文化人，其中一位是個詩人，教授巴里．斯巴克斯（Barry Spacks），他是最近被當地詩壇推舉為年代桂冠詩人的大家，這個稱號給予了他更多專心寫作詩歌的時間和機會。

聖塔巴巴拉有個機構叫聖塔巴巴拉藝術顧問委員會（The Santa Barbara County Arts Advisory Committee），在這個委員會的年會上，包括聖塔巴巴拉市長和全體委員在內的成員，一致推選斯巴克斯為桂冠詩人，這個殊榮的確來得不容易。從 2005 年 4 月開始，他就成了這個風景如畫的城市的真正的文化大使了。從 2001 年開始，斯巴克斯就是加州大學聖塔巴巴拉校區的教授，本人也在聖塔巴巴拉住了 25 年之久，今年 75 歲，卻已經寫了 50 年的詩了。他的新工作當然包括組織本地文化活動，而在詩歌界，最重要的活動就是明年四月在聖塔巴巴拉舉行的全美國詩歌月活動（National Poetry Month）。

他在寫作上有極為豐富的成就，已經出版了九本詩集，包括《斯巴克斯大街》、《關於女人》和《空中的希望》。

後面的走道是文森擺放自己作品的地方。

我問他從什麼時候開始寫詩歌的，他回憶了一下，說：「我在 17 歲就開始寫了自己的第一首詩歌了。那個時候我還在中學，因為和中學時的女朋友分手，感覺心都要碎了，而催生了我的第一首詩。」當時他並沒有想到詩歌後來會成為他一輩子的職業。他說自己在這裡上大學的時候，因為目標不清晰，好像自己的生活被分成好幾部分：社會學、語言學和英語一樣。他指著學院教學樓的一個樓梯說，自己當時沒有辦法確定學什麼，就跟他一起去的朋友說：「從那樓梯上走下來的第一個人說學什麼，我就學什麼。」結果，樓梯上下來一個女孩，他問她：自己應該學什麼，女孩說學英語。就這樣，他就成了個作家。

我問他為什麼喜歡詩歌，他說寫詩使他對每天發生的事情都具有一種很深刻的敏感度，對生活有更貼切的認識。詩歌使他知道所謂的「內部氣候」，知道人世炎涼。

客廳裡陳設很簡單，更突顯出整面玻璃的大落地窗。還有什麼畫作或工藝作品能比大自然的景緻更加震撼的呢？

文森特得意地向來訪的客人展示他的文物藏品。（右圖）

聖塔巴巴拉的人文氣息是很濃厚的，詩歌是這個城市最好的標誌之一。在市中心的書店裡，我們九可看見好多本地詩人寫的詩集，其中當然也有斯巴克斯的詩集，篇幅不大，詩中充滿了對聖塔巴巴拉的依戀，和在聖塔巴巴拉產生的思索、情感。小小的水彩插圖，好像一片片落葉一樣，是聖塔巴巴拉的迴響和光彩。

白先勇的聖塔巴巴拉

到聖塔巴巴拉，總要去看看加州大學聖塔巴巴拉校區，那裡距離市中心不遠，走101高速公路，下一個出口就是了。那個校區靠著海邊，由我很熟悉的建築設計事務所查理斯．莫爾（MRY）設計的大學宿舍，我看是全世界最漂亮的學生宿舍了，因為所有的寢室都對著大海，在宿舍裡就可以每天欣賞太平洋的晚霞落日，那是何其輝煌的景色啊！

加州大學簡稱UC ，是University of California的縮寫，一共有九個校區，其中比較出名的是舊金山附近的柏克萊校區，洛杉磯西木區的洛杉磯校區，聖塔巴巴拉也是其中一所，學生大約3萬人，有好幾位教授是諾貝爾獎得主。

漫步在校園裡，突然想起：這裡可是白先勇教過好長時間書的地方，是他待過最長時間的美國城市了。而白先勇又總是和崑劇聯繫起來，那種感覺很是特異。

我對崑劇不懂，就是覺得好看。扮相美，唱腔美，情調美，人都漂亮，而且總有種柔弱的感覺，軟軟的，非常唯美。今年春天去北京，在三聯生活雜誌社見到總編朱偉，他是崑劇專家，告訴我有個地方可以買到舊崑劇的DVD ，我老實地告訴他：我連老崑劇和改良崑劇有什麼區別都不太看得出來，就在三聯書店裡買一套新版的《牡丹亭》DVD將就看看吧。我想老朱

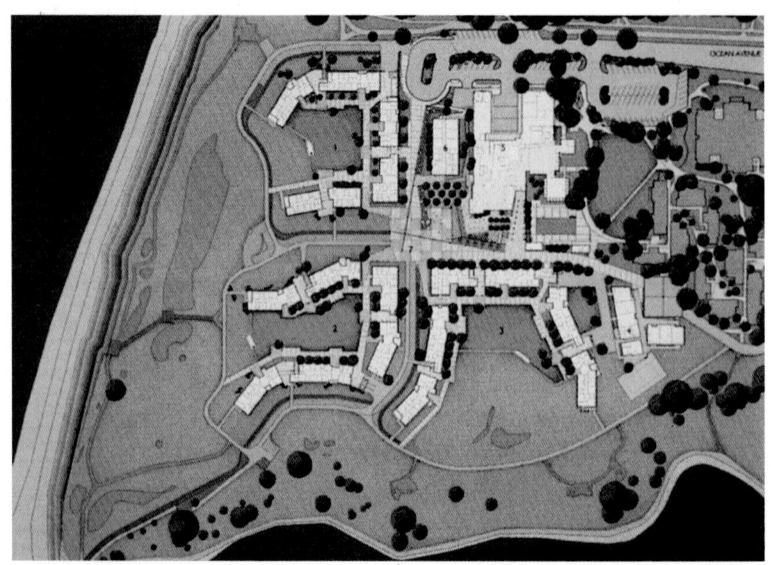

得天獨厚的加州大學聖塔巴巴拉校區。（右頁上圖）

入夜後，微帶鹹味的海風給住在這裡的學子們送來陣陣涼爽。（右頁下圖）

加州大學聖塔巴巴拉學生宿舍平面佈局圖。（左圖）

自豪的UC 聖塔巴巴拉畢業生。

一定覺得我屬於那種國學淺薄之人而頗不以為然了。

其實，對崑劇感到興趣，還是從看白先勇採訪開始的，以前雖也看過京劇、蘇州評彈什麼的，但並無認識。那時鳳凰衛視做過一個白先勇的採訪，後來重播了好幾次，我在洛杉磯的住所裝有衛星天線，有時候忙完了也會看看鳳凰衛視的專訪節目，無意中就看到了這次專訪。聽他半夜裡講崑劇，那麼委婉，就找來看，還真喜歡起來了。

皎月當空，華燈璀璨，聆聽著海浪在沙灘上吟唱，和同學一起切磋學業，爭論時弊，可不是浮生一樂？（右圖）

宿舍裡的學生食堂，巨大的玻璃窗上映印著海邊棕櫚的身影。（右下圖）

無獨有偶，網上有個半夜睡不著起來看鳳凰衛視的記者，也看到了這段採訪，就在網路上寫下他對白先勇的感覺：「不同於我所看過的照片裡那個憂鬱帥氣的男子，人過中年的他，發胖了，嘴角，噙著笑，眼裡，透著悟禪的灑脫，少了一份憤世嫉俗，多了幾分淡泊。唯一沒被歲月洗去的，也許，就是身上仍然殘留的淡淡貴氣，淡淡憂鬱。

「就是那個晚上，我坐在偌大的房子裡，一個人，對著電視。

「外面，下著雨，清洗著這個充滿塵垢與污穢的城市，……螢幕上的白

先勇，就站在書房裡，身後的一櫥一櫥的書，一室古色古香的佈置。他，就在那裡，淡淡的笑著，訴說著那個遠去的時代，還有那些消失了的貴族們的故事……」

這位記者後來去採訪了白先勇，有段問答，很有意思，就把它錄在這裡吧：

「當我問起白先生是否考慮過落葉歸根時，他沉吟了一下，委婉地說：「對於一個作家來說，最重要的是心靈自由。只要可以獲得心靈自由，就算是個荒島我也願意去。」

自從十年前向新聞界坦然承認自己的同性戀傾向後，白先生終於不用面對世人無休無止的追問：「為什麼一直獨身？」退休之後，他更顯得形單影隻。沒有四季的聖塔巴巴拉是個靜靜的小城，美麗的日子年年如一。「隱谷」是名副其實的隱居之地，沒有一絲塵世的熱鬧可以借來遮擋人生無底的虛空。白先勇寂寞嗎？

商業區中的精品店，本身也算個精品吧。（上圖）

擁有三萬學子的加州大學聖塔巴巴拉分校，為這座小城注入一股青春的活力。（右頁上圖）

驕陽似火，年輕人的熱情只怕比火更熱呢。（右頁下左圖）

這麼美麗的小城裡，美女總不會缺席的。可不是，街邊就坐著一位呢。（右頁下右圖）

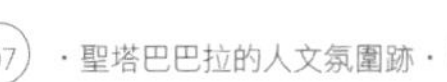

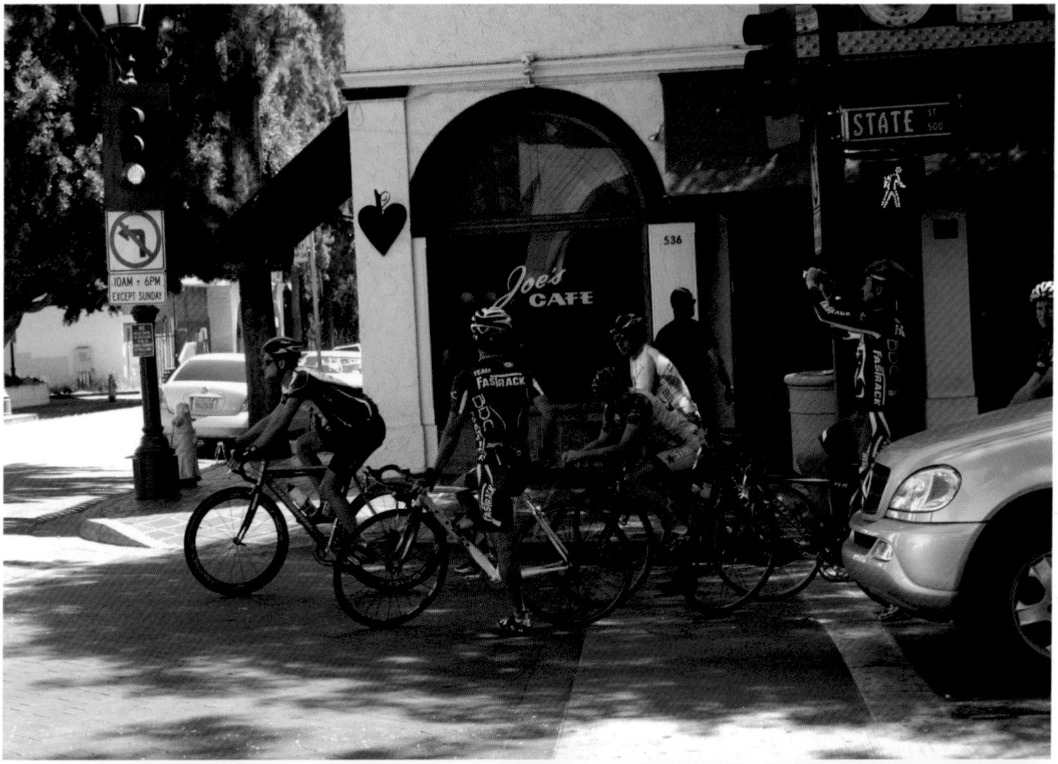
STATE
10AM - 6PM
EXCEPT SUNDAY
536
Joe's
CAFE
TEAM
FASTRACK

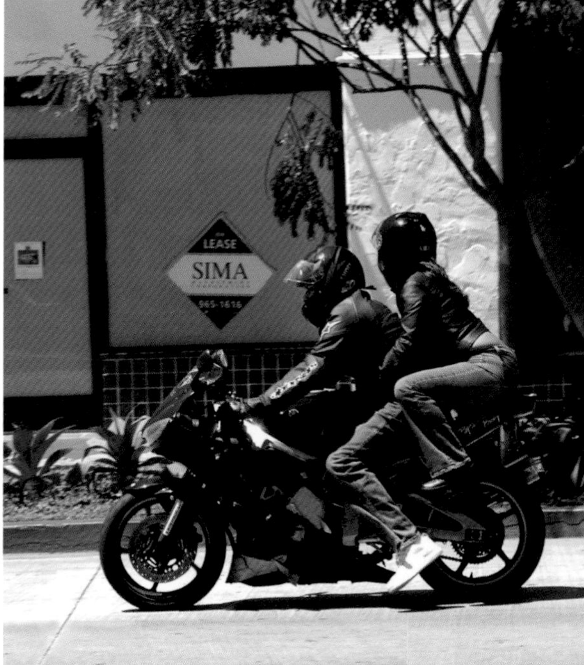

LEASE
SIMA
965-1616

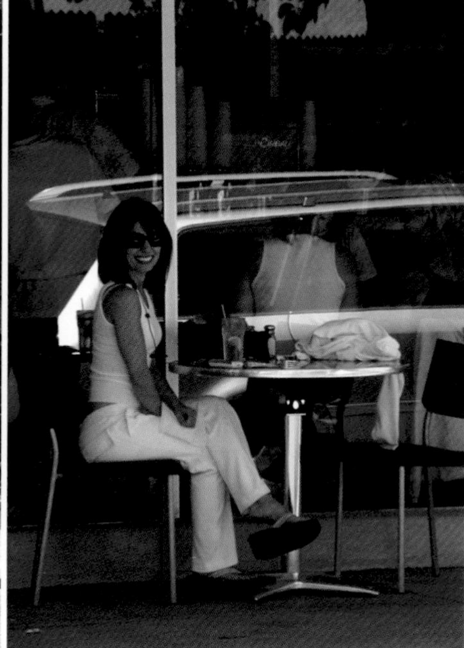

一段樓梯，一個陽台，也能讓人回味無窮。（上左圖）

走在城中街道上，真讓人分不清究竟身處歷史抑或現實中。（上中圖）

無須刻意尋覓，桃花源裡步步有景。（上右圖）

「白先生說他現在社交活動不多，也很少旅遊，『都去過了，好雖好，但也不用去第二次。』『人生百味已嚐盡』這句話，在他說來或是超然，在我聽來則是心驚。」

這段話，看得很令人感傷。白先勇一直在加州大學聖塔巴巴拉校區教書，這裡的氣質、這個城市的氣質，相信對他個人氣質的打造有很密切的關係。那裡出過好多傑出的、有點秀美的男人，我去的時候就感覺到了。好多年前，曾經一直蟬聯奧林匹克運動會男子高台跳水冠軍的洛加尼斯也是個公開同性傾向的漂亮男子，他當年也曾是聖塔巴巴拉這所大學戲劇系的學生。聯繫到白先勇這種氣質，我總覺得這個城市大約有種很女性的品格，很優雅的品格，才能夠陶冶出這種婉約得另類、優雅到極致的人來。

如同他的筆下人物，白先勇自己也有類似的出身和經歷，那些故事，也曾在他身旁大同小異地上演過：1963 年，白先勇出國的前夕，母親已經過世。在出國後的第一年，白先勇曾經這樣寫道：「我到美國後，第一次感到國破家亡的彷徨。」

當別人「出國留學，大概不免滿懷興奮」時，他卻反而「只感到心慌意亂，四顧茫然」，在繁華的美國，心境，是荒涼的。

學成之後，「父親已先歸真」，為之奮鬥的親人，一個接一個的走了。

將門之後，看盡繁華的「最後貴族」，也不過是在風中飄零的黃葉。親人離去之後，大洋的彼岸，剩下的又是什麼？長長一聲歎息，出自心底，沁入薄霧，個中滋味，能有幾人體會？

白先勇的筆調一直都瀰漫著這股濃濃的虛無感。德國存在主義的代表人物海德格認為，一個人在客觀世界中生存的最基本的方式是「憂慮」。因為他感到他所處的世界所有的境遇只不過是虛無，而這個虛無的世界又是神祕的、不可理解的，人只能懸在「虛無」中無窮無盡地「憂慮」著，而所有的「憂慮」都是通過恐懼、痛苦、厭惡以及選擇行為表現出來的。在白先勇《台北人》中的人物的種種行為，也都隱現著虛無的陰影，就讓我們看看這股虛無主義是如何從白先勇的字裡行間透露出來的。

白先勇那個時代旅美的中國人，就如在石縫裡求生存的雜草：一方面為生活而忙，為能在異國的土地上獲得別人認同而努力地向上攀爬；另一方面，對美國物質文明的嚮往、對祖國傳統文化的執著、對西方文化腐朽一面的厭惡，三者在同一個身體裡膠著，造成了漂泊海外而無根的痛感。白先勇這種「人生到頭一場空」的思想融入到他的作品中，所有的人生都被他詮釋成了虛無的夢。人生如夢，夢如人生啊，夢醒時分，也只是「白茫茫大地真乾淨」的徹底虛無世界。

從他的作品當中，我們可以看出，白先勇是一個消極的宿命論者。他相信人有前世有、今生，投胎以後還能夠再做人。所以任何的一切皆有因果，都有連續和綿延，任何令人唏噓的往事都能夠和現實聯繫起來。「我聽媽媽

一段彎彎曲曲的老街，幾張清清爽爽的桌椅，就能讓人想坐下來，留下來。（下圖）

盛夏之中，幾塊砂岩，一注清水，就能讓人感動。（下右圖）

新耶？舊耶？傳統乎？現代乎？

說，我生下來時，有個算命瞎子講我的八字和爸爸犯了沖。我頂信他的話，我從小就和爸爸沒有處好過。天理良心， 我從來沒有故意和爸爸作對，可是那是命中註定了的，改不了。」

尤為重要的是白先勇對孤獨、對個體生存的隔絕狀態、對日常生活的瑣屑無聊、對人與人之間某種傾訴、溝通的渴望以及遠比這種渴望更為強烈的個體交流之不可能性的細緻入微的揭示。

白先勇和聖塔巴巴拉的情緒其實有相似的地方，這個城市很適合他這種懷舊、消極的生活態度、悲情和類似女性的心態的文化人生活和工作。整座城市是一部歷史，你走在聖塔巴巴拉的街上，就好像走在 1920 年代的一部無聲電影裡，走在一個夢裡一樣。我總是覺得什麼樣的城市就會產生什麼樣的文化人，白先勇就是屬於聖塔巴巴拉這樣的城市，或者蘇州這樣的城市的。就好像沈從文一樣，在湘西就有《邊城》，到北京就只有《中國服飾史》了。城市形成氛圍，氛圍形成人文，難道這點還不清楚嗎？

雷根的牧場——天堂莊園

前美國總統隆納・雷根曾經在聖塔巴巴拉有個牧場，叫做德爾謝洛（Rancho del Cielo， 西班牙語中是「天堂莊園」的意思）農莊，占地688英畝（約3平方公里），位於聖塔巴巴拉西北的聖塔依涅茲山谷裡。他喜歡這裡，即便在白宮主政期間，他也經常抽空來這裡騎馬，參謀部會議主席艾倫・鮑威爾將軍也曾多次趕到聖塔巴巴拉，在這裡的牧場中向他彙報工作。

衆所周知，美國總統都有自己的度假地。早年的總統華盛頓和傑弗遜常在維吉尼亞州的大莊園度假；內戰時期的總統林肯喜歡到距白宮5公里遠的士兵福利院度假，那是戰爭時期，為安全起見，也就只能在那裡度假了；希歐多爾・羅斯福，也就是我們常常說的「老羅斯福總統」每年都回紐約州的莊園度夏；而佛蘭克林・羅斯福曾一百三十四次回到紐約州海德公園家中度假，累計五百多天；他還在喬治亞州一處溫泉療養過175天；戰後第一位總統杜魯門喜歡到佛羅里達州基韋斯特打牌垂釣；艾森豪熱衷於到緬因州的奧古斯塔國家公園，在一棵以自己名字命名的樹下揮桿打高爾夫球；甘迺迪選擇回麻塞諸塞州科德角海恩尼斯港的莊園中玩美式足球或駕帆出海；老布希常回緬因州的莊園擲馬蹄鐵；克林頓暑假一般休息兩周，最喜歡的地方是麻塞諸塞州的瑪莎葡萄園島，雖然他並沒有自己的居所在那裡。小布希總統是全美國歷史上度假最多的一個，他總是躲到德州的農莊裡去。

這張最能表現雷根個人魅力的照片就是在聖塔巴巴拉的「天堂農莊」拍的。（下左圖）

任職總統的八年中，雷根在這個農場裡曾度過345天之多，可見其愛之深切。（下右圖）

雷根在德爾謝洛牧場（西班牙與為「天堂牧場」之意）的居所，完全是西班牙鄉間的民居風格。（上左圖）

雷根總統農場居所裡的客廳。（上右圖）

1987 年感恩節在德爾謝洛農莊拍攝的全家福。（左圖）

雷根任州長時收到的馬皮烙畫生日禮物，上面繪有他的愛馬頭像。（下圖）

雷根來自好萊塢，他喜歡加州，喜歡洛杉磯，有很多朋友在這裡工作、居住，因此他很早就在聖塔巴巴拉買了個農場，在那裡騎馬散步，也在那裡辦公、處理國事。他去世之後安葬在西米谷的雷根圖書館，那裡距離聖塔巴巴拉不遠。

雷根一直都非常喜歡戶外活動，他曾說過「沒有什麼比攀上一匹駿馬的馬背更能讓人心神舒暢的了」（“there is nothing quite so good for the insides of a man as the outside of a horse.”）可是入主白宮後，他的「戶

雷根夫婦在湖上泛舟，慶祝他們的第三十一個結婚紀念日。(上左圖)

總統親自伺候刷牙，這匹馬可真夠風光的。(下左圖)

雖然貴為總統，做起伐木的活來也很在在行。(右圖)

外活動」就變成從辦公室走向總統專車，或從車門走到停機坪上等待著他的直升飛機，而且還要被一群保安人員所圍住，這他來說，實在是莫大的拘束。所以，每次若能抽空到「天堂莊園」小住幾日，他都會高興得像孩子一樣。他在那裡爬山，散步，划船，騎馬，伐木，砍樹，做農活。有時候自己策馬馳騁，有時候和妻子南茜一起輕騎漫步，有時甚至一家老小在馬上同樂。或是清晨在山間小道上俯瞰縹緲的薄霧在海面上飄散，或是在夕陽中享受從太平洋上吹過來的略帶鹹味的海風，這種環境，這種氣氛，讓雷根從白宮那種日理萬機的緊張生活中解脫出來，身心都能得到充分的休息。雷根的長壽，聖塔巴巴拉的環境和氣氛也有一份功勞呢。

雷根在任期間，曾在莊園裡接待過許多重要賓客，連注重禮儀的英國女皇和王夫都曾經興致勃勃地造訪過「天堂莊園」。雷根還立下宏願——要讓他的天堂莊園成為所有美國總統都喜歡的度假地。從這裡選登的幾張雷根夫婦的生活照可以看出，他們在聖塔巴巴拉的牧場上，過得多開心。

當然也有些不盡如人意之處。南茜回憶道：「當我們回到農莊時，第一天晚上可以將整個身外世界都忘個乾淨，可第二天一早，政府的專車已經將一大堆的檔案、信件以及當天報紙送到門口，你又回到這個世界來了。何況連農莊的小屋裡，也安裝了各種先進的通訊設備，隨時可以和總統取得聯繫。就連羅尼（雷根的暱稱）到樹林裡走走，也總有便衣保安和醫生帶著軍用無線電話尾隨其後。」

雷根在農莊的田野裡策馬馳騁跨越障礙

南茜機警的向偷拍的攝影記者舉起「JUST SAY NO」的標語

策馬馳騁，是雷根的最愛。（右頁圖）

有一次，一家電視台的記者想出一個拍總統度假生活現場節目的妙計。他在2英里外的一座小山頭租了一間房間，在電視攝影機上加裝了一個望遠鏡頭，結果居然讓他拍到了總統夫婦共進早餐的情景。總統對此當然不會高興，但那座小山頭並不在他的莊園地界之內，所以似乎也無計可施。第二天，當雷根夫婦準備騎馬散步時，記者又舉起了攝影機，這次給南茜發覺了，她立刻機警地舉起了一張標語，上面寫著：「JUST SAY NO」這既是她為青少年反毒品運動擬定的口號，也非常應景地對那位記者說了「不」。

雷根夫婦在聖塔巴巴拉的「天堂農莊」度過的最緊急時刻，大概要算1983年8月31日了。那晚，他們剛剛在餐桌旁坐下，突然收到華盛頓發來的急電：一架從紐約飛往漢城的韓國客機，誤入蘇聯領空，被蘇聯軍機擊落，機上人員全部遇難。機艙內有一名美國國會議員，和六十位美國公民。雷根馬上登車趕往專用機場，連夜飛回華盛頓，與西方盟國共同協商處理這一突發事件。

雷根對生活總是抱著樂觀的態度，在任何情況下都不失其幽默天性。1981年3月30日，他在華盛頓遇刺受傷，被送進了醫院，還不忘對匆忙趕來的南茜開玩笑說：「我忘記彎低一點了。」即便發現癌細胞，做了手術，他也還是開開心心的。他的一位朋友曾對記者說：「我們願意和雷根在一起並不僅僅因為他曾擔任過總統，也因為他的幽默感。」一位同雷根經常相處的年輕人也說：「隆納．雷根先生是一位和善的老人，過去，我只知道他在政治上是位保守主義者，在我的想像中一定很嚴肅、很古板，萬萬沒想到他那麼幽默……他有時高興起來簡直就是個大孩子！」他在聖塔巴巴拉牧場拍

的一張照片最能表現他的個性：頭戴牛仔帽，身穿藍色棉布襯衣，開懷大笑。

在寫這本小書的時候，我找了不少有關雷根總統的書做參考，我看到他在白宮和前來參觀的民眾握手，看到他在大衛營和士兵們共進午餐，看到他和「挑戰者號」太空梭死難者家屬相擁而泣，看到他披上德州州立大學的球衣和學生們共慶該校獲得美國大學生籃球聯賽冠軍……所有這些和普通人的合影中，他總是那麼自在，那麼真誠，沒有半點做作，沒有半點矜持。我還很被他和南茜在聖塔巴巴拉農莊裡的一張相片所感動：青山下，小湖邊，兩人相依而坐，陶醉在晚霞中。一個心裡有濃濃愛意的人，一定也會被人深愛的。

雷根夫婦相依坐在湖畔的小碼頭上，觀看著夕陽晚霞。

雷根總統年前去世，安葬在他位於西米谷的家附近的雷根總統圖書館花園裡，面對著碧波萬頃的太平洋。葬禮在他生前最喜歡的黃昏時分舉行。軍樂聲中，美國空軍戰機列隊低飛掠過。聖塔巴巴拉的牧場上，國旗半垂，他的馬在牧場的山坡上對著太平洋，發出悠長的嘶鳴，好像也知道主人永遠不會回到這裡來了。

隱於烏有鄉

聖塔巴巴拉還有一個名人隱居，這個人就是搖滾歌星麥可·傑克遜。

從聖塔巴巴拉往北不遠，在一個山谷裡坐落著麥克·傑克遜占地 2700 英畝、耗資 2200 萬美元的「烏有鄉莊園」（Neverland ）。十幾年前，傑克遜在這裡為自己覓得了一處隱密幽閉之地，得以遠離世人，甚至他最直接的家人。

傑克遜雖然是個名人，但是卻也是很古怪的一個人，曾經擔任過傑克遜舞蹈指導的文斯·派特森說：「他對人群有一種畏懼感。當有人從你還是小孩開始就想急切佔有你時，他們就想要你身上的任何東西，你的衣服、你的頭髮。生活在這些人中間，你肯定會精神失常。」

他的這個位於聖塔巴巴拉的莊園「烏有鄉」有持槍警衛 24 小時巡邏。他很怕和外界接觸，只喜歡小孩子，其實從心態來講，他自己就是一個還沒有長大的大孩子。在這裡，除了受邀請來的小孩，傑克遜不用應付和懼怕任何人，也不用和任何人在一起，因而也不必長大成人。周圍的人都覺得，傑

星羅棋布於群山之中的這些豪宅，動輒有上百萬美金身價，但它們全無驕奢之風，反而大有鄉土之意。這種內斂，這種修養，可不容易。

克遜對孩童有一種狂熱般的迷戀。烏有鄉就是孩子們的樂園，有各種讓孩子們放鬆嬉戲的玩意兒。「和他一起住在這裡，就像活在聖誕老人的作坊裡。」

這個莊園如一個主題公園，一個縮小版的迪士尼樂園。在那裡，乘坐古老的杭廷頓（C. P. Huntington）遊覽列車，從主建築出發，經過一個印第安村落，那裡有印第安人的圓錐形帳篷、真人大小的美國原住民模型、圖騰柱和篝火；再到兩層樓高的堡壘，上面有射擊水柱的重型炮；再來到遊樂園，裡面有旋轉木馬、摩天輪、三層樓高的滑板和讓人心臟停止跳動的過山車；之後再到耗資200多萬美元興建的烏有鄉綜合電影院，電影院裡各種糖果、爆米花和蜜餞一樣俱全，主放映間兩邊是單獨隔斷、有玻璃窗口的觀賞單間，裡面有床，專為生病的小孩準備。

那裡還有一個動物園，裡面有斑馬、野牛、猩猩、鴕鳥、天鵝、麋鹿、駱駝、斑驢（斑馬和驢的雜交種）還有三隻長頸鹿。孩子們還可以在湖裡划獨木舟、天鵝船、小舢板，或者打各式各樣的電動玩具。遊戲間在一幢兩層樓的建築裡，遊戲種類繁多，從SEGA公司開發的〈幻影時空歷險〉到〈銀河英雄傳說〉、〈忍者龜〉，應有盡有。

這就是傑克遜為孩子也為自己準備的遊樂園。他喜歡和孩子們一起玩，無論出身名門還是底層社會。因為他相信，只有孩子們才真心喜歡他，而不是因為他是大明星。小孩一到這都傻了眼，興奮得睡不著覺。電影放映員說，他經常在夜裡兩三點接到電話，問他能不能放這部或那部片子。

「如果你身高不超過三英尺，你很輕易就能接近傑克遜。」一位工作人員說。

傑克遜一些古怪奢靡的生活方式也被曝光。比如他喜歡像猴子一樣爬樹，或者在園子裡開小型賽車自娛自樂。莊園裡名車眾多，但傑克遜平時出入，更常搭乘的是一架能容納 12 人的豪華專機。一名專機乘務員證實，傑克遜經常讓她把酒裝在可樂罐頭裡，因為他不想讓孩子們直接看到他喝酒。飛機儲藏室裡裝滿了一瓶瓶小的伏特加、龍舌蘭和杜松子酒，有時候一趟飛行下來，這些酒就被一掃而空。除了酒，傑克遜最喜歡在飛機上放的食品是三明治和肯德基，他和孩子們經常拿這些東西當飯吃。

位於聖塔巴巴拉的莊園「烏有鄉」

最近，有人告他對一些孩子性騷擾，官司打得很大，這個聖塔巴巴拉的「烏有鄉」大約也就保不住了。有時候開車經過那裡，還是有點感到可惜。

烏有鄉就是孩子們的樂園，有各種讓孩子們放鬆嬉戲的玩意兒。

聖塔巴巴拉倒沒有出現過、或者現在住過什麼國際有名的大藝術家，這個地方實在太優美了，因此和前衛藝術的氣氛有些格格不入，缺乏那種離經叛道的氣氛。這裡畫廊不少，藝術家數量也不少，我去看了看，商業類型的畫多，但很難稱得上是嚴肅藝術。這點和法國南部的「蔚藍海岸」不同，那裡聚集了整個歐洲最前衛的畫家，並且歷來如此，從塞尚到畢卡索，從梵谷到夏卡爾，直到現在，還是有很多人在那些小鎮裡住，聖塔巴巴拉就難以凝聚這些人。我想原因不外是美國的前衛藝術有點頹敗，而且聖塔巴巴拉屬於富裕的居住區，不適合前衛藝術家，加上加州沿海有的是小鎮，因此這裡才沒有吸引太多藝術家前來吧。

看一座城市，其實看建築、城鎮規畫、市鎮歷史、博物館和舊建築，已經足夠了，至於是不是有幾個藝術家在這裡，倒不重要，起碼我自己是這樣想的。

走出聖塔巴巴拉，面對落日餘暉下的太平洋，微風輕輕拂面而來，多麼美好的一個小鎮啊！

GO FISH
and CHIPS
bistro

國家圖書館出版品預行編目資料

太平洋畔伊甸園：聖塔巴巴拉 = Garden of Eden Bordered the Pacific／王受之著——初版——台北市：藝術家 2006〔民95〕
面：17 × 23 公分
ISBN 978-986-7034-13-7（平裝）
1. 美國加州聖塔巴巴拉—描述與遊記

752.7719 95014845

太平洋畔伊甸園 Santa Barbara 聖塔巴巴拉

Garden of Eden Bordered the Pacific

王受之 著

發行人 | 何政廣
主編 | 王庭玫
責任編輯 | 王雅玲、謝汝萱
美術編輯 | 柯美麗

出版者 | 藝術家出版社
台北市重慶南路一段147號6樓
TEL:(02)23886715 FAX:(02)23317096
郵政劃撥：01044798／藝術家雜誌社帳戶

總經銷 | 時報文化出版企業股份有限公司
中和市連城路134巷16號
TEL:(02)2306-6842

南部區域代理 | 吳忠南
台南市西門路一段223巷10弄26號
TEL:(06)2617268 FAX:(06)2637698

製版印刷 | 欣佑彩色製版印刷
初版 | 2006年8月
定價 | 新台幣 **320** 元
ISBN | 978-986-7034-13-7（平裝）
986-7034-13-9

法律顧問・蕭雄淋

行政院新聞局出版事業登記證局版台業字第1749號